AF434414

MA NOUVELLE VIE

Roman

Ornella NGANTOU NGOULE

MA NOUVELLE VIE

Roman

Préface d'**Idrissou Yahaya**
Postface de **Yollande Mendja**

EDITIONS DE MIDI

© **Éditions de Midi 2023, Téléphone : 697 44 90 82/680 17 51 50**

Yaoundé-République du Cameroun, août 2023
editionsdemidi@yahoo.com

ISBN : 978-9956-336-30-2

RIEN DE CETTE HISTOIRE N'A ÉTÉ INVENTÉ !
TOUT EST TIRÉ DES SITUATIONS QUE
NOUS VIVONS ET VOYONS AU QUOTIDIEN.

Sommaire

Bonjour ou bonsoir selon l'heure à laquelle vous lirez ceci. Je suis Eva, jeune camerounaise âgée de 21 ans, étudiante en informatique et je suis inscrite en 1ère année. Je suis d'une famille chrétienne. Mon père et ma mère sont à l'église et dans l'église ! (juste pour vous faire comprendre à quel point ils sont attachés à Dieu). En ce qui me concerne, je dirais que je suis chrétienne mais à ma manière.

Mes parents sont assez aisés et ils ont eu deux filles : ma petite sœur Raya et moi. Raya est en classe de première. Nous sommes assez complices et quand je dis complice, c'est complice.

Si pour certains, être chrétien(e) c'est passer des journées devant la bible, passer le temps à crier partout que Jésus est ressuscité, à aller à la chorale...pour moi ce n'est pas le cas !

PRÉFACE

Les mots ont un pouvoir de persuasion et de dissuasion dans notre vie, les dialogues avec nos congénères nous impactent, ce qui permet de construire notre identité. De ce fait, ce roman soumis à notre appréciation rentre dans l'escarcelle de la littérature «réaliste» où l'auteur s'inspire des faits sociaux et réels. Au sens de Stendhal, « Le roman est un miroir qui se promène sur une grande route», ce genre littéraire reflète les faits qui se déroulent dans une société, ainsi, il y'a une concaténation d'événements qui changent le cours des choses. Les rencontres, les amitiés, la famille, toutes ces entités nous influencent, car comme le dit si bien Karl Marx« Ce n'est pas la conscience des hommes qui détermine leur existence, mais au contraire, c'est leur existence sociale qui détermine leur conscience ».

Dans ce roman, l'auteur nous traine dans les méandres de la jeunesse, une période assez délicate où l'Homme forge son esprit et sa personnalité. Une période où l'on doit travailler mais aussi s'évader, se divertir, où on rencontre nos premiers amours, on enregistre, nos premières déceptions. Le Roman *Ma Nouvelle Vie* d' Ornella NGANTOU NGOULE trace la trajectoire d'un mode de vie, d'un récit narré par la jeune Eva où elle s'émancipe des canons édictés par sa famille et des canaux religieux

Elle vit comme une mondaine alors que sa génitrice est attachée à l'église. A l'aune de la lecture de cet ouvrage, on peut déceler un hymne à la liberté qui est scandé, la romancière met en pratique cette pensée de Jean D'Ormesson qui stipule que « Ne vous laissez pas abuser. Ne mettez trop haut ni les gens ni les choses. Ne les mettez pas trop bas. Non, ne les mettez pas trop bas. Montez. Renoncez à la haine : elle fait plus de mal à ceux qui l'éprouvent qu'à ceux qui en sont l'objet. Ne cherchez pas à être sage à tout prix. La folie aussi est une sagesse. Et la sagesse, une folie. Fuyez les préceptes et les donneurs de leçons. Faites ce que vous voulez. Et ce que vous pouvez. Pleurez quand il le faut. Riez. J'ai beaucoup ri. J'ai ri du monde et des autres et de moi. Rien n'est très important. Tout est tragique. Tout ce que nous aimons mourra. Et je mourrai moi aussi. La vie est belle.»

Et dans cette jouissance de la vie, on profite de sa jeunesse souvent dans le vice, comme c'est le cas avec notre héroïne, malgré son affiliation à l'église, sa vie est un peu licencieuse. Un regard panoramique sur la société nous permet de constater cette dépravation des mœurs chez certains jeunes. Les tempêtes de la vie nous désorientent, nos pulsions nous trompent et nous rebutent du droit chemin. Toutefois, Dieu étant Clément, Miséricordieux et Accueillant au Repentir nous donne une seconde chance. On prend ainsi conscience de nos actes grâce à des moments de réflexion et aux échanges avec autrui.

« Dieu est là. Jamais il ne t'a tourné le dos. Eva, relèves -toi, prends cette situation comme une leçon et une partie de ton témoignage. Dieu n'abandonne pas ses enfants. Tu as vu où tu as glissé. Désormais, tu ne prendras plus cette

route pour éviter de glisser à nouveau. Tu es la lumière du monde. Tu dois éclairer et tu vas éclairer ce monde. Continues ce que tu as commencé avec Christ ! Eva, n'oublies jamais cette phrase que je vais te dire : « ne travailles pas pour le Seigneur mais travailles avec le Seigneur ». Oui, rassures-toi que dans tout ce que tu vas faire tu le feras avec Lui.» peut-on lire à la page 174. De ce fait, le récit narré dans ce roman est didactique, il nous montre comment le Seigneur peut changer la vie d'une personne. A travers Eva, on déduit que la lumière triomphera toujours des ténèbres, l'espoir sur le désespoir, l'optimisme sur le pessimisme.

Idrissous Yahaya

Chapitre I

Dimanche.

Cette semaine qui débute pour moi s'annonce chargée. En effet, en plus d'avoir ma SN, et il faut noter que dans d'autres pays on appelle cela examen de fin d'année, j'avais également un concours à présenter. Du coup, je cherche à être équilibrée dans mes révisions ainsi que dans mon programme !

Nous sommes rentrés de la messe il y a plus d'une heure. Entre les cris d'évangélisation de ma mère et les critiques sur la jeunesse de mon père, j'avais préféré aller me coucher et me taper un bon sommeil.

Deux heures plus tard, je suis debout. J'enfile ma tenue de sport pour aller un peu courir. En fait, c'est comme une tradition pour moi, aller courir chaque soir. Je fais un message à mes amies pour qu'elles sortent déjà. Je m'adresse alors à ma mère :

- Maman je pars courir.

- Okay !, mais sois prudente. Le dehors est devenu mauvais.

Je n'ai jamais compris cette phrase : « le dehors est devenu mauvais ». C'est-à-dire que le dehors était bon avant ?

Bref je remplis ma bouteille d'eau et j'enfile mes tennis puis j'y vais.

Avec mes amies, nous nous retrouvons et nous commençons avec des échauffements, question d'apprêter le corps à la course qui l'attend ! Miriam demande alors :

- 19h comme d'habitude ?

- Oui, mais juste que je vais légèrement dépasser l'heure aujourd'hui.

Nancy intervient sur ces entrefaites :

- Je vois que tu veux que tes parents te tuent aujourd'hui !

- T'inquiète ! Je sais quel mensonge je vais leur inventer pour ce soir

Mes parents me laissent aller courir mais chronomètrent mes heures à l'extérieur. Du coup, à chaque fois que je déborde l'heure, je dois sortir une excuse et pas n'importe laquelle ! Après l'échauffement, nous nous mettons à courir avec les filles pendant environ 1h30. Ensuite, nous décidons d'aller nous asseoir sur un banc public, question de récupérer.

- Et toi Miriam, après cette séance de trop (courir) tu rentres directement ? demandais-je.

- Oui, répondit-elle.

- Depuis qu'elle est célibataire elle rentre à la maison à temps, se hasarda Nancy.

- Tsuip, rétorqua-t-elle.

Nous éclatâmes de rire !

Quelques secondes après, nous nous remettions à courir pendant environ 15 minutes et puis nous nous séparions. Si Miriam elle rentrait, pour Nancy et moi ce n'était pas le cas. Moi j'allais chez Jordan, mon copain. Jordan était un étudiant comme moi mais en deuxième année. Il louait une chambre pas très loin du campus. Nous étions à l'église ensemble et il était membre d'une chorale. Nous étions tous deux chrétiens. Juste que pour nous, être chrétien ne voulait pas dire se priver de tout, contrairement à d'autres.

J'arrivais chez lui après quelques instants de marche et nous commençâmes à échanger.

- Bonsoir bébé, lui dis-je avec une bise.

- Bonsoir chérie.

J'entrai, je me déchaussai et je m'installai.

- Tu ne comptes pas rester avec la sueur ainsi sur toi ! m'interpella-t-il.

- Je veux bien prendre une douche ici et avec toi mais ma mère est là. Elle va remarquer que pour une fille qui sort d'une séance de sport, je suis assez propre.

- Bref okay! Et comment va ma femme ?

- Partagée entre deux examens, mais bon je gère.

- Okay ! ! Okay ! ! Si tu as une difficulté, fais-moi signe.

- D'accord ! Tu sais, je suis vraiment fière de t'avoir dans ma vie et crois-moi je ne regrette pas t'avoir donné ma virginité.

- Je t'ai déjà dit que tu es ma femme. La seule chose qui nous empêche de nous marier c'est l'argent et l'école.

- Si mes parents apprennent que je suis chez un garçon, ils vont m'envoyer au village demain matin.

Nous éclatâmes de rire.

- Il est 20h passé. Il faut que j'y aille avant que mon téléphone ne commence à sonner.

Nous nous embrassâmes encore quelques instants et puis je repartis. Je pris un taxi pour rattraper une bonne petite partie de l'heure et j'appelai Jordan, question de causer avec lui pendant le cours trajet.

- Hey bébé !

- Ouais ! C'est quoi, je te manque déjà ?

- Lol ! J'avais aimé nos moments passés tout à l'heure.

- Pareil. Dis, tu repasses quand ?

- Après les compos, il faut que je me concentre.

- C'est vrai tu as raison !

- Bon ! Je suis arrivé. Je t'écris plus tard.

- Okay. Bisou.

Je raccrochai et je descendis du taxi. Je fis un texto à Raya pour demander la situation de la maison, c'est-à-dire si les parents avaient déjà bavardé ou pas :

- Situation.

- Papa est dans sa chambre et maman t'attends au salon. J'espère que tu as une bonne excuse.

- Yes.

Je mis mon téléphone dans la poche puis je m'introduisis dans la maison.

- Bonsoir maman.

- Tu sors d'où ? Il est 21h05.

- Je marchais. En fait, j'avais rencontré une sœur pendant que je courais et je parlais avec elle. Elle m'a même dit qu'elle fera l'effort de venir dimanche prochain faire culte avec nous.

- Okay. C'est bien ! Toute occasion est bonne pour prêcher la parole.

Si mentir à ma mère était si facile, l'embrouiller avec une histoire bidon pour lui faire oublier ce qui venait de se passer était encore plus facile. Je montai dans ma chambre, du moins celle de Raya et moi. Oui, on partageait une même chambre. A peine j'avais ouvert la porte qu'elle me lança un regard qui voulait dire « tu t'en es tiré cette fois encore » ; et moi je lui répondais par le regard du « je sais, je suis trop forte pour embrouiller maman ». J'entrai prendre une douche et après je m'installai sur mon lit. Je pris quelques cahiers pour réviser mais la fatigue pris le dessus et je m'endormis.

Le lendemain : lundi.

Ce jour-là était mon dernier jour libre car dès le lendemain je commençai avec les examens. A mon réveil, plus personne n'était là : Raya était à l'école et mes parents au boulot. Du coup, je fis mes tâches et je décidai d'aller chez Miriam. Je voulais bien aller chez Jordan mais il avait cours le lundi et s'il y avait une chose que j'aimais bien chez lui c'était qu'il m'encourageait à bosser dur, en ce qui concernait mes études. Je pensais que c'était l'homme que Dieu avait prévu pour moi! Aucun être n'est parfait mais lui il avait au moins 97% de ce que je recherche chez un homme.

Chez Miriam.

- Tes parents sont au travail ? demandai-je.

- Ma mère oui, mais mon père a voyagé ce matin.

- Okay ! !

- Tu as déjà déjeuné ? Sinon je te fais un petit truc à manger.

Nous nous regardâmes et nous entrâmes dans la cuisine ensemble.

- Regarde la chef cuisinière faire, dis-je, coquine.

- Puff ! C'est quelle langue ça ? dit-elle avec humour.

Nous nous mîmes à rire.

- Eva, ça donne quoi avec Jordan ?

- Tout va pour le mieux. Je n'ai pas à me plaindre.

- Tu es sûre que cette relation t'aide ?

- Mimi, je sais que tu n'es pas trop fan des relations où il y a un peu de libertinage mais, gars, essaye de ne pas me faire la morale.

- Euuh okay.

- En plus, je suis sûre que c'est celui que Dieu a prévu pour moi ! Malgré le fait que nous faisons certaines choses un peu intimes, notre relation est parfaite. Je dirai même que par rapport à mes autres relations, lui il est impliqué, présent pour moi, attentionné et responsable.

- Si tu le dis en tout cas selon moi l'homme que Dieu a prévu pour toi t'empêcherait de faire certains trucs ! Mais bon chacun a sa manière de voir les choses

- tu l'auras dit! En passant pourquoi c'est fini entre toi et Stéphane ? Tu ne nous l'as jamais dit à Nancy et à moi

-: euh il voulait coucher avec moi et ...

- et comme d'habitude tu as refusé ! Comme tu l'as dit chacun a sa manière de voir les choses !

On s'installe au salon, je finis de manger puis je sors mes cahiers question de réviser un peu. Je le fais pendant près de 2h. Aux environs de 15h je décide de rentrer. Je devais bien me préparer pour demain ...

Je vous passe les jours de mes compos ...

Vendredi

Il était 16h30 et je venais de finir mon dernier examen. La chance voulait que j'aie encore un peu de temps. Je dé-cidai alors de passer voir Nancy. Nous allâmes prendre un pot, question de nous détendre un peu ! Je n'allais pas stres-ser pendant quatre jours pour ainsi rentrer directement chez moi ! Non ! Non ! Je lui fis un message.

- Hey !

- Yes ! Position ?

- Ecole. Je viens de finir. On part où ?

- Euh ! Maintenant ? Ce n'est pas possible. Je dois passer chez bae (son gars) récupérer certains effets.

- Okay ! Okay ! Pas grave. Je pense que je vais également aller voir Jordan.

- Bon ! A plus.

Je n'avais pas trop envie d'aller chez Jordan ce jour-là. Du coup, j'avais préféré rentrer. Ce qui était sûr j'allais rattraper cela, car la fin de mes examens marquait pour moi le début des vacances ! L'école était enfin terminée ! Mais mon problème c'était comment sortir. Je n'avais plus d'excuses pour me promener. Mais ce qui était sûr j'allais trouver !

Nous étions mercredi, le jour de répétition de la chorale de Jordan et j'aimais bien y aller pour l'observer... Mais maman rentrait très tôt le mercredi. Je fis donc un message à Miriam pour qu'elle passe à la maison me chercher, en faisant genre elle ne connait pas un endroit et elle aimerait que j'aille le lui montrer. C'était l'excuse parfaite.

Quelques instants plus tard, elle arriva et c'est maman qui lui ouvrit la porte :

- Bonsoir madame !

- Bonsoir ma fille ! Entre, ta copine est à l'étage.

- Anh okay ! En fait, madame, ma mère m'a envoyée dans un atelier en ville et je ne connais pas l'endroit mais Eva si! Donc je voulais vous demander la permission pour qu'elle puisse m'accompagner.

- Okay ! Sans soucis. Va l'appeler.

- Merci madame.

Elle monta me retrouver dans la chambre. J'étais déjà prête mais pour que maman ne se doute pas de quelque chose. Nous avons un peu traîné avant de descendre.

- Bon maman, nous sommes parties.

- Okay !

Nous sortîmes et nous nous mîmes à marcher. Il était 16h passés de quelques minutes.

- Si ta mère apprend que tu pars voir ton bébé a la chorale hein Humm !

- Ahka! Elle ne l'apprendra pas.

- En tout cas, je n'ai moi rien dit. Bon, après. Je rentre dormir. Ma mission a été accomplie : te faire sortir de la maison.

- Lol ! Okay ! Après.

S'il y a une chose que vous devez savoir c'est que bien que Miriam marche avec nous, elle n'est pas trop dans ce que Nancy et moi faisons même en matière de petit ami. La plupart du temps, c'est nous qui l'a poussons à se mettre en couple... Et oui ! Nous sommes jeunes et nous devons profiter de notre jeunesse.

Je pris le taxi pour l'église et quelques minutes plus tard j'y étais. J'entrai et je m'assis au fond de la salle comme d'habitude. En attendant que Jordan finisse, je pris mon téléphone et je commençai à regarder des vidéos sur le net. J'étais toute concentrée jusqu'à ce qu'une voix de femme m'appelle :

- Eva tu fais quoi ici?

Mon cœur s'arrêta de battre d'un coup ! Vous savez ce que ça fait de sortir en disant à vos parents que vous êtes à un endroit et pourtant ce n'est pas le cas ? Peu importe qui vous appelle dans votre tête c'est d'abord l'image du parent qui apparaît !

Curieuse et remplie de peur je me tournai. Gloire à DIEU ! C'était Ma'a Pasto. C'est ainsi qu'on appellait la femme du pasteur ici.

- Bonsoir maman. Je suis venue pour voir le frère Jordan je veux qu'il aide une amie à moi qui prépare un examen.

- Anh d'accord ! C'est bien ça ma fille. Et ta maman, comment elle va ?

- Elle va bien, par la Grâce de Dieu.

- D'accord. Faudra lui passer mon bonsoir.

- D'accord maman.

Puis elle s'en alla. En matière de mensonges et de fausses excuses je suis très douée. Je replongeai alors dans mon téléphone et près d'une heure après Jordan vint enfin.

- On y va.

Je me levai et je le rejoignis.

- On dit bonsoir.

- C'est parce que nous sommes à l'église, sinon je t'aurais embrassée.

- Je vois que tu as envie que l'on fasse une prière d'autorité sur nous.

Nous éclatâmes de rire et nous commençâmes à bavarder.

- Je t'ai vu causer avec Ma'a Pasto tout à l'heure.

- Oui ! Elle voulait savoir ce qui m'amenait à l'église. Je lui ai dit qu'une amie avait besoin de ton aide comme elle prépare un examen et du coup je suis venue pour te parler.

- On ne ment pas à l'église.

- Je n'ai pas vraiment menti à ce que je sache. C'est bien toi que je venais voir n'est-ce pas ? C'est juste que l'amie qui a besoin d'aide n'existe pas.

- Ma part de femme que Dieu a donnée. Tu passes à la maison Norrr ?

- Oui, mais je ne mets pas long. Okay ?

- D'accord !

- Dis bien d'accord et après tu vas me retenir.

- Lol.

Rares sont les fois où j'arrive chez Jordan et que je rentre sans qu'il ne se passe quelque chose. Nous arrivâmes chez lui, nous nous installâmes, nous bavardâmes et ce qui devait se passer se passa. J'étais couchée sur son torse quand il lança la discussion.

- Je t'aime baby.

- Moi aussi. Euh il est quelle heure s'il te plaît ?

- 19h30.

- Frère, ma mère va me tuer. Il faut que je rentre.

Je me levai et me rhabillai.

- J'y vais bébé.

- Sans même embrasser ton boy?

Je l'embrassai puis je sortis. Il me raccompagne jusqu'au taxi. Dans le véhicule de transport, je réfléchissais déjà à ce que j'allais raconter à ma mère comme mensonge. J'écrivis à ma sœur.

- Hey Raya, maman est où ?

- Elle est sortie, juste après toi.

- Ouf ! Le Seigneur m'aime.

- Il t'a plutôt épargnée, tu veux dire.

- Bref, j'arrive. J'suis en route.

Dès que je suis arrivée à la maison, je suis direct allée m'échanger puis, je suis restée papoter avec Raya.

Aux environs de 20h30, maman rentra.

- Eva, Raya venez s'il vous plaît.

Nous descendîmes la retrouver.

- Asseyez-vous !

Ma mère ne faisait jamais ça et du coup, je commençai à flipper. Qu'est-ce qu'elle voulait bien nous dire ?

- Aujourd'hui, le pasteur et certains anciens ont eu des moments de prière intense sur une jeune fille.

- Euh okay, fit Raya, surprise.

- Vous savez pourquoi ils ont fait cette séance de prière ?

- Sûrement parce qu'elle était possédée, répondis-je.

- Non, elle était en couple avec un jeune homme et avec qui elle avait entretenu des rapports sexuels. Mais celui-ci, au travers de ses rapports, partageait avec elle certaines choses surnaturelles et c'est devenu en quelque sorte un lien entre eux.

- D'accord ! m'exclamai-je.

- C'est juste pour vous demander de faire attention. Les garçons qui vous draguent ne sont là que pour une chose et dès qu'ils l'auront ils vous jetteront comme une chaussette. Soyez sages, concentrez-vous sur vos études, insista ma mère.

Après son long discours, Raya et moi sommes montés. Je fis un appel de groupe avec Miriam et Nancy pour raconter le discours de ma mère.

Nancy déclara alors :

- Fais attention Eva, peut être tes liens sont déjà tissés.

- Et toi, peut-être qu'on t'a déjà vendue, répondis-je.

Nous éclatâmes de rire. Miriam lança :

- Marcher avec vous, c'est plus que marcher avec des folles.

Nancy s'insinua sur cette lancée :

- Donc ta mère te prend pour une sainte... Je l'imagine en train de vous dire "soyez sages, les garçons sont mauvais"...

- La fille sur qui on a prié n'avait qu'à bien choisir son boy. Heureusement, je n'ai pas ce genre de problème. Bref... déclarai-je.

Miriam s'exclama :

- Même prière ! Un jour on aura aussi le bon gars comme toi !

- En vrai un jour, appuya Nancy.

- Nancy, tu es d'abord une bordelle de cœur. Ton cœur à toi seul aime trois garçons et tu fleurtes avec les trois, insinuai-je.

- C'est ça la vie madame ! Parmi les trois, tu ne sais pas qu'un peut être mon gars du mariage ? Repris Nancy.

- La phrase de chaque jour madame, déclara Miriam.

Nous nous mîmes à rire. Nous discutâmes encore pendant quelques instants puis nous arrêtâmes l'appel.

Je me couchai et je fis un gros dodo.

Le matin.

Je me levai de bonne humeur ce jour-là car c'était jeudi et maman rentrait du travail très tard. Du coup, j'étais plus que libre !

Il était environ 8h du matin quand je me réveillai et comme d'habitude, tout le monde était déjà parti. Je descendis faire un peu de ménage et je remontai m'apprêter pour aller au marché. C'est moi qui faisais la cuisine donc je devais faire les courses. J'avais la flemme d'y aller seule. Je fis donc un message à NATHAN qui est un pote à moi. Il m'avait draguée mais j'avais rejeté ses avances. Depuis lors, nous étions devenus de bons amis.

- Hey

- Oui petite, ça va ?

- Puff ça va. Please tu m'accompagnes au marché ? S'il te plaît…

- J'étais sûr que tu ne m'écrivais pas pour me saluer.

- S'il te plaît nor…

- Tu es où ?

- À la maison.

- J'arrive.

Je descendis faire des omelettes en attendant qu'il vienne. Quelques minutes après il sonnait.

- Tu as été rapide hein, dis-je.

- Je ne faisais rien et tu n'es pas si loin de chez moi.

- Okay okay ! Bon on y va. Je dois me dépêcher si je veux sortir après !

- Pour aller chez Jordan je suppose.

Je lâchai un sourire.

- On prend le taxi nor ?

- Pour aller où ?

- On part où ? Au marché nor.

- L'enfant riche ci même hein ! On marche madame. Si ça ne te plaît pas je rentre chez moi !

- Tsuip ! Allons !

Nous sortîmes et nous nous mîmes en route.

Au départ personne ne parlait. Nathan, lui, suivait de la musique sur son téléphone et moi je regardais la nature en marchant jusqu'à ce qu'il me mette un côté de ses écouteurs à l'oreille pour que j'écoute le son.

- Tu connais cette chanson ? demanda-t-il.

- Ouais ! Je suis d'abord fan de Burna boy.

- Hum !

- Quoi ?

- Ta mère sait que tu écoutes de la musique mondaine ? lança- t-il d'un air moqueur.

- Tsuip ! Bouge ! Je vous ai déjà dit que ce n'est écrit nulle part qu'on ne doit pas chanter tel style de musique et en plus, je ne vois pas le mal dans ça !

- Je demande juste, boss ! Bon, tu cuisines même d'abord quoi ?

- couscous manioc sauce pistache. Mais je vais juste acheter le nécessaire pour la sauce car il y a déjà le couscous à la maison.

- Anh okay. Et ton mec, comment il va ?

- Il va bien, il va bien.

- C'est cool ! J'espère que tu mets ce que je t'avais dit en pratique

- Heu un peu ! Oui je sais. Tu me diras certainement que je dois limiter les contacts physiques entre nous mais c'est plus fort que nous certaines fois.

- Je suis un boy je t'ai déjà dit ça ! Plus tu couches avec une fille tous les jours, plus elle perd sa valeur devant toi et tu te lasses. Surtout si rien ne vous lie pour dire que malgré tout, il sera toujours avec toi !

- T'inquiète pas mon gars ne peut pas se lasser de moi comme ça !

- Okay ! Si tu le dis. Mais sois sage !

- Bon à part me blâmer, tu ne peux pas faire quelque chose d'autre ?

- Tsuip ! Nous sommes déjà au marché, concentre-toi sur tes achats.

Oui, on venait d'arriver au marché. Lorsqu'on marche avec une personne, on ne voit pas le temps passer, mince !

Je me dirigeai vers les marchandes et j'achetai ce qu'il me fallait.

....

- Mettez pour 1000frs, s'il vous plaît.

- Okay !

Nathan intervint :

- Attends, tu ne vois pas que pour 1000frs c'est petit ? La mère pardon, mets le cadeau.

- Tu ne vois pas que j'avais bien servi, mon fils ? demanda la marchande.

- Non la mère, ajoute.

Elle lâcha un petit sourire et ajouta un Mbounga[1].

Je pris le paquet, remerciai la dame et on reprit la route pour rentrer.

- Je n'ai jamais vu un homme qui discute la nourriture comme toi !

- Aka! Les enfants des riches hein… tu ne discutes même pas les articles. Tu es même quel genre de fille ?

- Tsuip ! Ta femme aura chaud. Pardon je ne marche pas. On prend le taxi avec le soleil ci hum!

Il s'avança et stoppa le taxi

---

[1] poisson fumé

Je ne sais pas si vous avez un ami comme Nathan du genre qui discute la nourriture au marché, qui conseille et qui blâme. C'est très cool. Comparé aux filles, Nathan a plus de valeur à mes yeux, car à elles il y a des faits que je cache mais à lui, je dis tout ! J'avais l'impression qu'avec lui je n'ai pas besoin de me cacher.

Ici, je voudrais relever que si vous n'avez pas ce genre d'ami (e), vous devriez demander à DIEU de vous en donner.

Quelques minutes après, nous arrivâmes à destination. Nathan refusa de porter le sac comme quoi je devais faire de la musculation. Je portai le sac et on y alla.

On entra à la maison. Je montai me changer et je vins défaire le sac.

Nathan déclara par la suite en se levant :

- Je t'ai accompagnée au marché. Maintenant, je peux partir !

- Tu pars où ? En plus, tu vas t'ennuyer vu qu'il n'y aura personne.

- Dis juste que tu veux que je reste. Ça ne va pas te tuer !

- Tsuip ! Je veux juste que tu m'aides à faire la cuisine c'est tout !

- Je te crois.

Je me mis au travail. Nathan lui, s'installa devant la télé. Je commençai déjà par tourner le couscous puis j'entamai avec la sauce

- Nathan oooooh !

- C'est quoi ?

- Pardon fais l'ail

- Euille non !

- Ouais pardon nor !

- Je ne suis pas venu travailler.

- C'est la dernière fois, je te jure.

- Tsuip ! C'est où ?

- Viens le prendre s'il te plait, on ne travaille pas au salon.

- Donc j'éteins la télévision ?

- Non allume ! Tu es trop bête ish !

- Donc tu as besoin de moi et tu m'insultes !

- Non je blaguais, désolée.

Il vint et nous nous mîmes au travail. Peu de temps après, la nourriture était prête. Nous mangeâmes et nous nous installâmes devant la télévision.

- Je vais même encore arriver chez Jordan ? Mon corps pèse ! hasardai-je.

- En tout cas, si j'avais un avis à donner, tu devrais rester chez vous.

- Je réfléchis.

- Bon, il est 15h. J'y vais. Je dois aller récupérer un paquet pour maman.

- Okay.

Il s'en alla.

Je montai ne coucher et je réfléchis à la possibilité de partir chez Jordan ou pas. Je lui fis un message.

- Hey b !

Je reçus directement une réponse.

- Salut b !

- J'avais préparé du pistache. Tu veux manger ?

- Pourquoi pas ?

J'avais pris sa réponse pour un oui et je suis descendue faire son assiette. Sincèrement, en dehors de la flemme je n'avais pas très envie d'y aller ; ça vous arrive souvent de ne pas avoir envie d'aller chez votre mec ? Parce que moi, c'est très rare.

Je montai donc mettre une robe et j'y allais.

Chez Jordan

J'entrai sans toquer.

- Un jour, tu vas entrer me surprendre avec une fille ici. Comme tu ne connais pas toquer là.

- Tsuip ! Je lui fis un bisou et je partis déposer sa nourriture. Je la transvasai dans ses assiettes à lui et je lavai celles de ma mère.

- Tu manges maintenant ? lui demandai-je.

- Non ! Non ! Après.

- Okay.

Je m'assis sur le lit et je me connectai sur snap, question de voir les posts des gens. Je ne savais pas pourquoi mais je voulais juste rentrer et je pense qu'il avait remarqué ça

- B !

- Oui, oui !

- Viens !

Je me refugiai dans ses bras puis je déclarai :

- J'y vais. Nous commençâmes à nous embrasser. Il commença à me toucher...

- Baby, je ne veux pas commencer un truc que je ne vais pas finir. Je dois rentrer s'il te plaît.

- Mais c'est jeudi aujourd'hui nor. Ta mère ne rentre pas tôt donc on a assez de temps. Il le disait en me donnant des bisous partout.

Ça se voyait qu'il voulait et qu'il était assez excité. Mais personnellement, je ne voulais pas malgré le fait que je commençais également à succomber.

- Ouais b, s'il te plaît.

Il ne me calculait pas et continuait.

- Puff okay !

Je ne sais pas si c'est seulement à moi que cela arrive de souvent dire que rien ne se passera aujourd'hui mais à peine ton amoureux te touche que tu es déjà tombée.

Je déclarai alors :

- Un jour, je vais venir ici avec pour ferme conviction qu'il ne se passera rien.

- Tu y crois ?

- Tsuip ! Tu as la chance que je t'aime.

Nous nous embrasse encore quelques temps puis je rentrai.

Évidemment, maman n'était pas encore là. Raya elle, visionnait. Je montai dans la chambre faire mes appels. Je n'ai plus besoin de vous dire qui j'appellais !

Nous passâmes près d'une heure au téléphone à parler de notre prochaine rencontre, de notre mariage et de la vie des rêves que j'avais dans ma tête ...

Puis je m'endormis.

Ce matin-là, c'est ma maman qui me réveilla avec pour bonjour une annonce de voyage.

- Eva lève-toi !

- Bonjour maman !

- Oui bonjour ! Lève-toi ! Tu vas faire un voyage sur Bafoussam.

- Quand ?

- Aujourd'hui ! Tu dois récupérer un colis chez ta tante Melvine et lui remettre également un papier

- Aujourd'hui ? Comment ?

- Lève-toi ! Tu t'apprêtes pour prendre le premier bus.

- Okay.

Sans vous mentir, c'est parce que c'était ma mère. Déjà que je déteste lorsqu'on me réveille et de surcroît pour m'annoncer un voyage qui n'était pas prévu ! Je me levai et je commençai à faire mon sac. Je pris deux habits parce qu'on ne sait jamais. Ma tante Melvine est une personne assez cool, très ouverte. C'est la grande sœur de ma mère et comparée à mère, je l'aime trop sur certains points : elle croit en Dieu mais pas comme ma mère car celle-ci abuse. Avec ma tante, tout est simple. Elle ne complique pas la vie. Elle n'interdit pas les sorties et elle ne surveille pas les gens comme ma mère.

Je finis donc de préparer mon sac. Je fis un message à Jordan et aux filles, même comme elles dormaient encore certainement. Puis, je déposai mon téléphone et je partis repasser mes habits. A mon retour, Jordan m'avait déjà répondu.

- Bonjour mon cœur !

- S'il te plaît tu as les unités ? Si oui, appelle.

Directement, il m'appela.

- Allô b !

- Oui chérie, comment tu vas ?

- Ça va un peu et toi ?

- C'est quoi ? Tu es malade ?

- Non, maman m'a réveillée ce matin avec pour bonjour une annonce de voyage.

- Explique-toi.

- Bref, elle dit qu'il y a un colis que je dois récupérer chez ma tante Melvine et que je devrais également lui remettre certains papiers là.

- Et tu y vas pour combien de temps ?

- Je rentre soit ce soir soit demain.

- Okay !

- Tu ne m'accompagnes pas à l'agence b ?

- Tu veux que je vienne ?

- Je ne sais pas !

- Okay boss ! J'avais compris patron. Je pars prendre ma douche et je m'apprête. Nous nous retrouvons une fois là-bas. En passant, tu voyageras avec quelle agence ?

- Je*******ube Voyage.

- Okay ! On se trouve donc là-bas.

- Okay ! Bisou b.

- Bisou mon cœur.

Puis, il coupa l'appel. Je profitai et j'allais également me doucher. Ensuite, j'enfilai une combinaison et je descendis rejoindre maman au salon. Elle était déjà prête pour aller au boulot.

- Maman, s'il te plaît l'argent de transport.

Elle me tendit de l'argent ainsi que des papiers à remettre à ma tante. J'enfilai mes chaussures et je sortis prendre le taxi pour l'agence.

Après quelques minutes de route j'arrivai à l'agence. Jordan y était déjà.

- Hey b, déclarai-je en me rapprochant de lui.

Nous nous embrassâmes pendant près de 5 secondes. Quoi ? Avec Jordan tellement nous étions habitués à nous embrasser partout que les yeux des gens vraiment nous importaient peu.

- Tu vas trop me manquer bébé.

- Toi aussi amour. Heureusement que ce n'est que pour une journée.

Nous bavardâmes quelques minutes jusqu'à ce qu'on appelle le numéro de mon bus et ensuite mon numéro de ticket.

- Bon bébé, il faut que j'y aille. Je t'aime mon amour.

- Moi aussi bébé. Si un garçon te regarde seulement tu connais nor ? Tu lui dis que tu es mariée.

- C'est compris bébé.

Nous nous embrassâmes puis j'y allais. Le voyant là au sol j'en avais plus envie de voyager. Mon gars me manquait déjà.

Après quelques secondes, le bus s'ébranla enfin. Durant tout le trajet, je dormais juste ! Je ne connais pas rester éveillée durant un voyage.

Après plus de 4h de voyage, nous arrivâmes à bon port !

Je fis un SMS à ma tante pour lui dire que j'étais déjà là ainsi qu'à ma mère pour lui annoncer que j'étais bien arrivée.

Ma tante après la lecture de mon message m'appela afin de me donner l'itinéraire à suivre pour arriver à la maison, chez elle. Je me mis donc en route en respectant ses consignes et près d'une demi-heure plus tard j'arrivai enfin à la maison. L'accueil était très chaleureux. Elle était là avec son garçon, Kendry. Il était mon grand frère de deux ans mais nous nous entendions tellement bien qu'il était difficile de remarquer l'écart qu'il y avait entre lui et moi.

Nous avons bavardé, bavardé et pendant ce temps-là, la domestique me servit à manger.

Kendry me dit alors : « mange vite on sort ». Et tata Melvine intervint immédiatement :

- Tu as commencé ? Ne me détourne pas l'enfant ! Elle ne s'est même pas reposée et toi tu veux la tirer de tous les côtés.

- Je la tire que c'est la corde ? Et puis, elle ne s'est même pas plainte.

- Laisse-la se reposer, j'ai dit.

- Les choses des mères que tu veux déjà faire là hein, pardon laisse-nous !

- Tu rentres à quelle heure demain ? demanda Kendry.

- Je ne sais pas encore, répondis-je la bouche pleine.

Il se tourna alors vers sa mère :

- Elle peut même faire une semaine ici nor ?

- Tu demandes à qui ? Je suis sa mère ?

- En tout cas, tout dépendra de la sortie. Si je ne m'ennuie pas alors j'essaierais de flatter maman pour faire même une semaine, repartis-je. Mais ma tante nous avertit :

- Ce que vous voulez commencer là, je ne suis pas d'accord.

- Assia la mère, supporte seulement. Eva on y va à 19h, déclara son fils.

Il était environ 15h. Le temps de finir de manger et de dormir, il serait déjà 19h. C'est comme si Dieu m'avait parlé : j'avais pris des habits de rechange.

Kendry me réveilla en me tapotant car je dormais : Evaaa

- Ouiiii !!!

- Lève toi tu t'apprêtes. Il est 19h30.

- Tsuip okay !

J'étais épuisée ! Mais la fatigue c'est quoi devant la fête ? Rien !

Je m'apprêtai et je descendis le rejoindre.

- C'est le seul habit que tu as trouvé que tu pouvais porter ?

- Il a quoi mon habit ?

- J'ai dit quoi ? On y va.

- On ne dit pas à ta mère ?

Elle était dans sa chambre.

- Maman, nous sommes partis ; dit-il en ciant. Puis, se tournant vers moi :

- On y va, me dit-il.

Tata Melvine avait à peine répondu que Kendry m'avait déjà poussée dehors !

- Tu étais obligé de me pousser ?

- Marche !

- Que je connais où on va ?

Juste devant le portail il y avait une voiture garée et c'était l'ami de Kendry, Askip, qui nous y attendait. Kendry s'adressa alors à son ami :

- Yo, on dit quoi ?

- Posé, et toi ?

Ils se sont mis à parler pendant près de 10min. J'étais juste à côté concentrée sur mon téléphone. Je causais avec Jordan. Je lui mentais car il me demandait ce que je faisais. Je ne pouvais pas lui dire clairement que je sortais uniquement avec mon cousin et ses amis. J'étais obligée de déclarer que faisions une sortie en famille et que je n'allais pas être sur mon téléphone. Mon gars était assez jaloux donc lui souffler qu'à peine arrivée j'étais déjà en route pour faire la fête avec je ne sais qui, l'aurait mis dans tous ses états... M'ennuyant, j'avais commencé à faire des snaps. Mon cousin m'interrompit :

- Eva, on y va

- Il était temps, répliquais-je.

Je n'avais pas encore vu vraiment le visage de son ami en question. Il était au volant et moi, j'étais derrière.

- C'est ta nouvelle go? demanda son ami à Kendry.

- C'est ma sœur, man.

- Mince ! Donc tes sœurs sont belles comme ça et je chôme boss ??

- Oublie ! rétorqua Kendry.

- Ça va chérie ? repartit-il en jetant un coup d'œil sur le rétroviseur.

Comme je faisais également pareil nos yeux se croisèrent... Seigneur ! Il a de beaux yeux.

- Ouais ça va, et toi ?

- Pardon, vous allez continuer les salutations et autres loin de moi.

- *I say hein*[2] man, c'est quoi ? Ne me gâte pas ça, *I beg*[3].

- Conduis ! intima alors mon cousin.

---

[2] Je dis hein.
[2] S'il te plait.

J'avais trop envie de rire ! C'était genre le frère qui fait genre je protège ma sœur, une sœur qui était déjà gâtée, et l'ami du frère qui a flashé sur la sœur protégée.

Après quelques moments, nous arrivâmes dans un snack plutôt cool. Nous entrâmes et je cherchais toujours à voir le visage de l'ami de Kendry mais en vain. Et vous connaissez qu'au snack les lumières ne sont pas comme celle de la maison. Du coup, c'est pénible de voir le visage des gens. ..

A peine étions-nous entrés, que ma part de frère protecteur m'avait déjà laissée pour aller draguer d'autres filles. Je pris ma boisson et je m'assis. Je faisais un peu les mimba ! Oui oui on ne doit pas me voir pour une première fois et constater que je suis une alcoolique de ouf.

- Eva, bonsoir.

Je soulevai ma tête et je vis un super beau mec. Oui je suis en couple, je sais…

- Bonsoir !

Il s'assit juste à côté de moi.

- Ton frère ne nous a pas laissé le temps de nous présenter.

- Pourtant tu connais déjà mon prénom. Pas mal !

- MDR, moi c'est Landry.

- Okay !

- Tu vis où ? Parce que je ne t'ai jamais vue pourtant Kendry et moi nous nous connaissons depuis fort longtemps.

- Je ne vis pas ici.

- Je l'ai remarqué...

Il avait des petits yeux et plus il me regardait plus ça devenait séduisant, mais je faisais la fille dure pourtant...

Si Jordan apprenait tout ça, Humm !

Nous bavardâmes, Landry et moi, pendant plus de trente minutes. J'étais déjà à ma troisième bière sans m'en rendre compte ! Au départ, je voulais mimba.

- Tu n'es pas une petite fille hein, remarqua Landry.

- Pourquoi tu dis ça ?

- Trois cannettes de hei*****Ken... Pas mal pour un début.

- A chacun ses problèmes.

- C'est ça !

Sans vous mentir, ce mec était canon. Vous connaissez ce style de mec bien taillé, avec un comportement de ouf, genre il te fait les petits caprices, il te dérange, il fait le mec... Seigneur !!!

Aux environs de 3h nous rentrâmes et, Landry également avait dormi chez nous, car il était bien ivre.

A 6h, Je me levai et je descendis faire les travaux. Ma tante était déjà debout

- Bonjour tata !

- Bonjour Éva, bien dormi ?

- Oui !

Sérieusement, j'avais encore bien sommeil. Là, ce n'était pas moi qui était debout mais juste mon corps car il fallait que j'angoise ma tante

- Bon, il y a à manger au frigo et vous allez juste le chauffer en journée pour manger si vous avez faim.

- Okay Tata.

Nous restâmes encore quelques minutes au salon dans un silence ... Puis je me lançais.

- Tata, s'il te plaît je voulais te demander un truc.

- Je t'écoute, répondit-elle.

- Tu sais que je viens ici rarement nor et les fois comme celles-ci ne me sont pas toujours données. En fait, tata je voulais te demander si tu peux appeler maman afin que je fasse une fois une semaine ici s'il te plaît.

- Je suis sûre que c'est Kendry qui a mis ça dans ta tête.

- Non ! Non ! C'est moi-même ! Je n'ai pas trop envie de rentrer maintenant car je ne fais rien de mes journées vu que je ne pars plus à l'école. Pourtant, ici il y a Kendry qui est un peu de ma tranche d'âge.

- Je ne veux pas les problèmes avec ta mère comme je te dis là. Je vais l'appeler mais si elle refuse, le soir tu rentres.

- Oui tata, le soir.

Je vous assure qu'après cette affirmation même mon corps n'était plus là. C'était mon fantôme. Je suis directement montée me coucher. L'alcool n'est pas l'ami de quelqu'un.

Avec les garçons, nous nous sommes véritablement réveillés à 11h passées avec une faim de loup. Mince les alcooliques comme moi comprendront la famine qu'on peut avoir après une nuit comme celle-là.

Je sortis du lit et partis prendre une douche question de chasser la fatigue et l'odeur de l'alcool sur moi puis je descendis. Les garçons eux, étaient déjà devant la télé à jouer à la Playstation.

- Bonjour !

Ils répondirent « bonjour ! ».

Je les traversai et j'entrai à la cuisine pour faire mon petit déj'.

Kendry demanda alors « pardon, fais pour nous tous ».

- Tu n'étais pas obligé de crier.

- Tsuip !

Je fis des omelettes avec des frites de plantains pour chacun. Alors que je m'apprêtais à manger, je reçus un message de mon gars. J'avais déjà oublié que j'étais en couple.

- Bonjour B ! bien dormi ?

- Bonjour, mon amour

- Oui oui ! Et toi ?

- Bien bien !

- Depuis hier que j'attends ton signe B ?

- Désolée chéri. C'est que, nous sommes rentrés un peu tard hier avec ma tante et ce matin à mon réveil nous sommes allés faire des courses. Je viens même à peine de rentrer.

- Okay mon cœur. Bon moi je suis en route pour l'école quand je finis, je te fais signe.

- D'accord B bisou. Je t'aime.

Heha, ça commençait un peu fort hein. Je mentais à mon gars à cause d'un autre qui de surcroît était devant moi.

Landry était étudiant et entrepreneur, tout comme Kendry. Il était mon aîné de deux ans. C'était un mec cool, flatteur. Je dirais même que c'est le genre de garçon qui aimait bien s'amuser avec les filles mais j'aimais ça.

Nous finîmes de manger, je débarrassai et je lavai les plats puis je revins me coucher au salon. Je demandai alors aux garçons :

- Mettez un film on voit nor depuis que vous jouez la???

Kendry réagit immédiatement.

- Va dormir.

- Puff !

Je pris mon téléphone et je commençais à regarder des vidéos sur Tik Tok puis on sonna. Je me levai pour aller ouvrir mais Kendry me demanda de laisser et il y alla lui-même.

- ...

- Bonjour B !

- ....

Je suivais seulement les bruits des smacks... Antiii ! Mon gars était loin.

Landry s'indigna de ce fait : I say hein, comment tu invites ta go tu ne me dis pas ? Les célibataires comme moi on meurt ? Mais mon cousin rétorqua :

- Bouge !

Il monta avec la go en question : affaire à suivre.

Je n'étais plus qu'avec Landry au salon mais personne ne parlait à l'autre.

J'écrivis aux filles et on bavarda par écrit. Je leur fis part de ma préoccupation : sortir avec Landry. Et Nancy me proposa son avis :

- Moi je te dirai de profiter ma chérie. Jordan est loin ici donc pendant une semaine tu ne vas pas yamo ? Mince !

Mais Miriam suggéra plutôt :

- Moi je te conseille de penser à Jordan avant de faire quoi que ce soit mais ce qui est sûr est que je ne t'encourage pas à sortir avec lui

- Moi je t'encourage chérie, tu ne peux pas voir un bel homme et tu ne profites pas ! ajouta Nancy.

J'étais trop du même avis que Nancy. Ainsi, j'aurais mon vrai gars, Jordan, et un gars de Bafoussam, Landry.

Je déclarai donc aux filles : « ma décision a été prise, vous le constaterez. Bisou les filles mon gars de Bafoussam m'attend ».

- Tu connais les vraies choses, m'encouragea Nancy.

- Hum en tout cas... murmura Miriam.

Alors que je voulais répondre aux filles je sentis un regard sur moi, Landry me fixait de ouf et je posai alors la question :

- Pourquoi tu me fixes ainsi ?

- Viens t'asseoir ici, répliqua-t-il en me montrant la place juste à côté de lui.

J'étais grave excitée voir surexcitée, car je savais que cette appellation n'était pas simple !

Je me levai et je partis bloquer la porte. Oui oui, on ne sait jamais ! Ma tante pouvait arriver là et voir ce qu'il ne faut pas voir.

Je revins m'asseoir à côté de lui.

- Je t'écoute.

- Nous sommes d'accord que nous ne sommes plus des enfants, n'est-ce pas ?

- Ouais !

- Hier quand je t'ai vue, tu m'as direct plu et je pense que c'est réciproque !

- Tu es déjà dans mon cœur ? Ou dans ma tête ?

- Okay ! Je retire ce que j'avais dit. Bref tu me plais bien Eva.

- C'est tout ?

- Tu voulais que j'ajoute quelque chose ?

- Non ! Non !

Il est bizarre ce mec ! Donc c'est comme ça qu'on dit à une fille qu'on veut avoir une relation avec elle ? Mais cela n'empêchait que j'étais toujours intéressée par lui hein.

- Tu es en couple ?

- Oui !

- Donc c'est mort ?

- Je n'ai jamais dit ça !

Il me regarda et lâcha un sourire !

Ouais, je ne suis pas du genre à me cacher ! Je sais que ce que je veux faire n'est pas bien mais Dieu lui-même comprendra que la chair est faible.

- Tu me fascine toi… T'es en couple et tu montres clairement que tu es intéressée par moi, insinua Landry.

- Tu me corriges maintenant ?

- Non ! Non ! Au contraire, j'aime bien ça ...

Je vous jure tout ce temps que l'on causait je n'étais pas vraiment avec lui. Je voulais qu'il m'embrasse. C'était mon vœu le plus ardent ; il l'avait remarqué et ignoré. Vu qu'il voulait me monter qu'il n'était rien avec moi concernant mon envie de l'embrasser et que moi j'étais avec lui, j'avais donc mis sur pied un scénario.

- Je veux danser.

- Lève-toi tu danses ! Moi quoi dedans ?

- Je veux danser "perfect" et on ne danse pas ça seule !

- Mets alors le son.

Je mis le son et on commença à danser.

- Tu es fière de toi?

- De quoi parles-tu ?

Il m'embrassa.

Saignair zeziii !!!

Mon gars sait même ça ?

Frère, il embrasse super bien !

- Arrête alors le son

- Pourquoi ?

- Tu as atteint tes objectifs nor ?

- Je ne vois pas de quoi tu parles !

Nous nous embrassâmes encore et encore. Je vous assure que je fondais. Il était trop canon ce mec et je l'aimais grave... Quelques instants après, Kendry descendis avec sa go. J'étais couchée sur les pieds de Landry. Mon cousin interrogea alors :

- Il s'est passé quoi ici ?

- Tu as fait du bon sport, Yes ! répliqua son ami.

Ils se saluèrent et commencèrent à rire. J'avais direct compris que la fille était le chat ! Oui oui, Minou...

- Il s'est passé quoi ici, dites-moi. Insista Kendry.

- Je monte, indiquai-je en me levant.

- Tu ne pars nulle part ! intima mon cousin.

- Attache-moi alors ! Tsuip ! répondis-je.

- Eva, viens s'il te plait, supplia Landry.

Je m'approchai de lui

- Oui ?

Il m'embrassa.

- Le génie, s'écria Kendry.

- Tu cries quoi ? demandai-je.

- C'est entre nous les mecs tu ne peux pas comprendre ! répondit Kendry

Ils se saluent encore. Tsuip !

Chapitre II

Restez éveillés, gardez une fois solide ! Soyez courageux, soyez forts ! 1 Corinthiens 16 : 13

Certains, en lisant ce chapitre diront que je suis une fille facile, que je n'ai pas de principes, que je ne me respecte pas, que je n'ai pas la crainte de Dieu et tout ce qui va avec … mais je m'en fiche ! Je vous ai dit ici que je suis chrétienne mais pas le genre qui passe le temps à crier partout qu'ils croient en Dieu. Je vis ma jeunesse et je crois en Dieu ! Pour les principes et autres c'est pour vous. Si vous êtes du genre à faire un mois pour vous connaître et deux mois pour commencer le fleurt, ce n'est pas le cas pour moi !

Lamour

L'amour

L'amour

J'étais à ma quatrième journée ici à Baf et c'était trop cool. En réalité, j'avais juste envie de rester ici ! J'avais la liberté que je voulais, je faisais des choses vraiment cool, et de surcroît mon nouveau mec était hyper cool.

Aujourd'hui je n'avais rien à faire et ma tante me demanda d'aller avec elle au travail. J'avais refusé car j'avais trop la flemme.

Il était 9h et j'avais déjà fait ce qui était prévu comme tâche. Ma tante avait demandé que je fasse du Ndolè avec le plantain mûr. Vu qu'il y avait déjà le nécessaire pour cuisiner ce plat à la maison, je m'échangeai donc et je me mis au travail : j'aimais cuisiner tôt pour vite me libérer.

Kendry était sorti. Il serait de retour aux environs de 14h. Je pense qu'il avait un petit business à gérer.

Je mis de la musique et je commençais par apprêter l'arachide pour aller écraser. Je finis et à mon retour après avoir mis l'arachide au feu, place au plantain. J'étais toute concentrée jusqu'à ce qu'on sonne :

- C'est qui ?? demandai-je.

- Elvira !

Je demandais comme si je connaissais d'abord tout le monde ici. J'ouvris la porte.

- Bonjour !

- Bonjour ! S'il te plaît Kendry est là ?

- Non ! Il est sorti.

- Je peux l'attendre ?

- Il mettra du temps mais si tu veux, okay.

Elle entra et s'assit. Décidément mon cousin, n'était pas un petit hein ! Il n'y avait pas deux jours, une go (son chat) était là. Aujourd'hui, c'était une nouvelle fille. Ce qui était sûr c'est qu'elle n'était pas son amie. Mais de son apparence, je ne pensais pas qu'elle soit le chat en tout cas ...

Je retournai à la cuisine toujours avec ma musique. Je me remis au travail et quelques minutes après, Elvira vint me retrouver à la cuisine.

- Tu as besoin d'un coup de main ?

- Euh non, ça va. En plus, on ne fait pas travailler une invitée.

- Tu es nouvelle ici ?

- Oui, pourquoi ?

- Je vois, je vois. Je demandais juste.

Elle vint s'assoir et commença à faire le plantain avec moi.

- C'est gentil de ta part d'autant plus qu'on ne se connait pas.

- Non, c'est rien. Dis, on peut faire frire quelques plantains ?

Perso, je ne la connaissais pas mais elle était très sociable et ça se voyait qu'elle voulait davantage me connaître. Mais je me demandais si elle aussi n'était pas le chat ! Vous connaissez nor : le chat aime quand on la présente aux frères et sœurs.

En tout cas, Kendry rentrerait me dire.

On fit frire du plantain et on a mangea. Le courant passait plutôt bien entre nous.

- Tu es qui pour Kendry ? me demanda-t-elle.

- Sa cousine et toi ?

- Sa copine.

- Copine genre amour ou copine genre amitié ?

- Copine genre amour.

- Anh okay. Et tu n'as pas peur de venir ici ? Généralement, pour qu'une fille vienne chez son mec c'est derrière-derrière, tu vois ce que je veux dire ?

- Oui je vois. Mais lui et moi ça fait déjà deux ans, et sa mère me connait. Donc il n'y a plus trop de protocole comme au départ.

- Et tes parents savent que vous êtes ensemble ?

- Oui !

Sur le coup, j'avais direct compris qu'elle n'était pas la fille du jeu. Si seulement ma mère pouvait être ainsi. À peine je causais avec un mec devant elle, qu'elle me disait comment la Bible éduque sur les flirts et autres.

- Anh okay, c'est cool !

- Et toi, tu vis où ? Tu es mariée ?

- Je suis à Yaoundé. Je ne suis pas mariée.

On éclata... Je lui parlai de Jordan, de ma mère et de Landry.

- Donc comme ça ta mère t'interdit l'homme mais madame a l'homme ! Okay ! chef !

- Elle ne veut pas comprendre que le monde se modernise !

- Ma mère était aussi comme ça mais c'est très vite passé. Sinon tu es rapide hein

- Comment ?

- Même pas deux semaines et tu as déjà trouvé un gars ?

- Tu connais l'adage qui dit "même si ce n'est pas ton boy et que tu vois que tu peux yamo nor yamo d'abord" ?

- Yess ! débloque les niveaux !!!

Nous éclatâmes de rire.

A 14h30, on sonnait ...

- Ton gars est là, va ouvrir.

Elle partit ouvrir.

C'était genre trois minutes de silence. Je n'avais pas trop compris ce qui se passait jusqu'à ce que quelqu'un dise :

- I say hein bro ça va nor, si vous voulez continuer attendez d'abord j'entre.

J'entendis alors la voix de mon cousin Kendry :

- Reste tranquille !

- Mouf ! Tu bloques la route parce que tu mop ta go ? mince !

J'avais direct reconnu la voix. Oui, c'était Landry !

Ils entrèrent mais restèrent à l'entrée.

- Landry bonsoir ! salua Elvira.

- N'est-ce pas tu étais en train de mop[4] ? Tu ne m'as pas vu ! répliqua ce dernier.

- Tadannnn…

Et Kendry d'interroger :

- Eva est où ?

- Qui me cherche ?

Ils arrivèrent tous au salon et s'installèrent.

- On a faim, I beg sers nous à manger, se plaignit Kendry.

- Il n'y a rien à manger, répondis-je.

- Tu mens, répliqua mon cousin.

- Okay ! Ça va alors.

- Sers-nous nor, on a faim.

Je ne le calculais pas ! Il vint s'asseoir sur moi.

- Vas nous servir sinon je pète sur toi !

- Ekieu ! Tu pètes devant ta go ?

- Je ne pète pas pourquoi ? Elle même elle ne pète pas ?

- Je pète plus que toi, Fotso??

- Tsuip !

J'aime trop le couple ci.

PS: je me demande bien combien de filles arrivent à péter devant leurs gars ? Pardon répondez en commentaire.

Je me levai avec Elvira et nous partîmes servir les garçons. Je ne sais pas trop pourquoi mais, Landry faisait un peu trop les manières. Déjà qu'il ne m'avait pas saluée à son arrivée.

Ils finirent de manger et nous débarrassâmes la table. Kendry, lui, était couché sur le canapé avec sa titulaire tandis que Landry était sur son téléphone. Subitement, on sonna, je reçus direct un message de Kendry :

---

[4] Embrasser

- I say hein, dis que je ne suis pas là, I beg.

J'avais tout de suite compris que le chat était à la porte. Pauvre Elvira. Je regardai Kendry et je commençai à rire. Je partis ouvrir la porte et comme j'avais si bien compris le chat de l'autre jour était à la porte.

- Bonsoir !

- Hey salut ! S'il te plait Kendry est là ?

- Non ! Non ! Il est sorti !

- Et il me demandait de passer pourquoi ? Tsuip Okay ! Merci

- Okay !

Les hommes sont trop forts. Donc comme ça mon frère avait invité le chat ! Mais malheureusement, sa titulaire était venue sans lui dire. Yess !

J'entrai je commençai à chanter :
Le chat veut devenir titulaire.
Le chat le double de mes clés.
Le chat veut le 6 de la mater.
.....

Landry ayant compris, a commencé à rire.

- Tout va bien, Eva ? s'enquit Elvira.

- Oui oui, t'inquiète. Enjoy tes moments avec ton bon gars ma'a.

Landry et moi commençâmes à rire ...

Kendry s'adressa alors à sa go

- On monte rester dans ma chambre nor b. Les gens-ci font trop de bruits...

- Okay ! répondit-elle.

- La titulaire et le titulaire, se moqua Landry.

- I say hein, repartit Kendry, slack nous!

Je vous jure, Landry est fou !

Nous n'étions plus que deux au salon... Vu qu'il faisait les manières depuis le début, je mis mes écouteurs juste pour lui montrer qu'il n'était rien ! Il s'approcha et retira mes écouteurs.

- Pourquoi tu as retiré mes écouteurs ?

- Tu ne m'as pas vu ?

- Je t'ai vu et ? Tu es arrivé ici, même me saluer tu ne l'as pas fait ?

- Hum !

- Quoi ?

Il essaya de m'embrasser mais je refusai.

- C'est quoi ?

- Tu m'as salué ?

- Bonsoir baby ! dit-il en me faisant un bisou au front.

- Okay !

- Désolé pour tout à l'heure.

- Non, je ne t'excuse pas !

- Pourquoi ?

A peine j'avais ouvert ma bouche pour répondre mon téléphone se mit à sonner ... c'était Jordan.

Je décrochai puis je me levai, question d'aller causer dehors...

- Allô mon cœur !

- Oui B, comment tu vas ?

- Mal et toi ?

- Ça va ! C'est quoi, tu es malade ?

- Non, ma femme me manque et depuis qu'elle est à Bafoussam elle ne me gère plus !

- Ne dis pas ça B.

- Pourtant c'est la vérité ! J'espère qu'il n'y a pas un boy qui te dérange là-bas.

- T'inquiète pas B. Tu me connais nor, je n'ai pas le temps pour ça.

Anti !!! Si seulement il pouvait connaître ce qui se passait. Hum !

- Okay B. Tu faisais quoi ? Genre avant que je ne t'appelle.

- Je travaillais avec ma tante.

- Et tu as fini ?

- Non, je suis sorti pour prendre l'appel.

- Anh okay ! Bon, je te laisse. Tu me fais signe quand tu finis.

- okay B bisou !

Je retournai retrouver Landry au salon.

- C'était ton boy? me demanda Landry.

- Oui.

- Okay ... Ton mensonge n'était pas mal !

- Tu m'espionnes maintenant ?

- Non ! Non ! Tu parlais fort ! Mais je trouve ça sexy.

- Quoi ?

- Tu lui as demandé d'attendre pour passer du temps avec moi !

- Tsuip !

Il commença à m'embrasser et puis bahhh... Quelques instants après, le couple des titulaires descendit.

- La nuit a été ? leur demandai-je, d'un ton moqueur.

- Tsuip dégage ! répliqua Kendry.

Alors qu'Elvira exprimait son désire :

- Mettez un film on regarde.

On mit une série camerounaise et on commença à visionner. Puis ma tante entra.

- Bonsoir ici ! salua-t-elle.

- Bonsoir !

- Pourquoi vous êtes tous ici ?

- Inspecteur Melvine, à votre service ! repartit Landry.

- N'est-ce pas ? Puis, elle s'adressa à Elvira :

- Ça va ma fille ?

- Bien maman, répondit Elvira.

Ma tante monta dans sa chambre. Elvira prit le téléphone de son boy et commença à snaper puis celui-ci vibra. Curieusement, son humeur change.

- On t'a écrit.

- Le message dit quoi ?

- Coucou B, finalement la sortie c'est pour quand ?

Il me regarda et regarda Landry du genre ça a cuit. Il prit son téléphone et regarda le nom.

- Anhh ! C'est Luciola, une de nos cousines.

- La fille de tata Alice ? demandai-je, complice.

- Oui oui ! On devait sortir.

- Anh okay, fit Elvira.

Landry alla à la rescousse de son ami :

- Le cœur de quelqu'un voulait déjà sortir ici. Mama, calme-toi il ne te trompe pas.

Si seulement elle pouvait savoir qu'aucune de mes tantes ne s'appelait Alice.

Aujourd'hui c'est mon dernier jour à Bafoussam. Je devrais prendre le bus de 22h pour arriver le matin. Ma tante avait décidé de sortir avec moi, car depuis mon arrivée j'évitais toujours de sortir avec elle. Mais à 15h, je devais rentrer parce qu'elle avait une réunion.

Il était 9h lorsqu'on sortit. Bref, je vais vous épargner les détails de la sortie. Retenez juste que nous sommes allées faire du shopping, puis au restaurant et après chez l'un de ses amis. Mais ce n'était pas si mauvais. Après notre séparation, je ne rentrai pas directement car je voulais m'arrêter chez Landry, question de lui dire au-revoir.

Arrivée chez Landry, je sonnai puis il vint m'ouvrir.

- Bonjour monsieur !

Il ne me répondit pas, arrêta ma main et me tira dans sa chambre. Puis il la bloqua à clé.

- Tu peux maintenant me répondre ?

- Désolée bébé ! Mon père était au salon et je ne voulais pas qu'il sache que j'étais là.

- Hum okay.

- Bonjour B ! dit-il en m'embrassant.

- Tu sais que je rentre tout à l'heure norr ? C'est-à-dire qu'on ne se verra plus jusqu'à je ne sais quand.

- Oui, je sais ! Pas besoin de me le rappeler.

Sans vous mentir, un truc était né entre Landry et moi et sincèrement, si je restais encore longtemps, mon amour pour Jordan allait chuter.

Je m'étais couchée sur son torse et nous commençâmes à parler.

- Eva !

- Ouiiiiii !

- Je t'aime bien tu sais. Ce qui me blaze sur toi encore plus c'est ton caractère, même comme tu trompes ton gars.

- Lol !

- Tu vas beaucoup me manquer ! Mais si je peux régulièrement, j'arriverais à Yaoundé même si c'est juste pour une journée.

Avec Landry j'étais tellement posée. Je ne sais pas si c'est parce que c'était le début, je ne sais vraiment pas ! Nous avons passé de bon moments je dirais même que c'était un au revoir pas comme les autres car nous avons parlé, joué ; bref nous avons tout fait. Aux environs de 19h je rentrai. Kendry était déjà là.

- Bonsoir ! le samuai-je.

- Tu étais allée dire au-revoir au bon gars ! Pas mal.

- I beg, slack moi !

J'entrai à la cuisine regarder ce qu'il y avait à manger.

- Tu entres à la cuisine que tu as préparé le matin ? N'est-ce pas ta mère et toi êtes sorties oubliant même qu'il y a un homme ici ?

- Et tu ne pouvais pas faire un truc à manger ?

- Je suis cuisinière ? Tsuip !

Je montai me changer et je descendis faire les crêpes. Ainsi, je pourrais même manger le reste plus tard dans le bus. Je finis et je partis m'asseoir au salon. Juste pour provoquer Kendry, je ne l'avais pas servi.

- Ma part est où ?

- Ta part de quoi ?

- Heha ! Donc tu fais les crêpes tu ne donnes pas pour moi, pourtant tu sais b ien que j'ai faim.

- Tu m'as dit que tu voulais ?

Il me jeta un regard du genre « c'est ce que tu me dis hein ». Ensuite, il arracha mon plat.

- Kendry, donne-moi mon plat.

Il ne me calcula pas et commença à manger mes crêpes. J'essayais d'arracher mon plat mais en vain.

- Ça va nor, il y a ta part à la cuisine.

- Où ?

Je partis chercher ses crêpes et je reviens les lui donner.

- Enjoy bien tes derniers moments avec ta meilleure cousine.

- Tsuip ! Ma coucou, quand ta mère va te donner l'argent tu donnes pour moi hein.

- Quel argent ?

- Ce qui est sûr, elle ne te donnera pas le transport net donc réfléchis déjà à la somme que tu vas me donner.

- Oublies ! Je ne vais rien te donner.

- Je n'arrache pas ?

- Trop de violence dans ton corps ishh ! Seuls les hommes doux seront épousés.

- Va dire ça au fou.

- Tsuip !

On resta devant la télé pendant près d'une heure et après, je montai arranger mon sac. Je commençai par plier mes habits, les ranger puis je dressai le lit. Mais comme il y avait toujours un mauvais esprit dans la maison, à savoir kendry, il vint gâter le lit.

- Tu n'as pas vu que le lit était dressé ?

- Tu vas donc redresser ! C'est simple.

On vous a déjà fait ça ? Genre tu arranges bien un truc après un fainéant vient gâter : c'est énervant !

J'aimais beaucoup la compagnie de Kendry. Je dirais qu'il était mon meilleur cousin.

J'aimerais encore rester mais bon… Vers 21h, ma tante rentra.

- Evaaaaaa !!!

Kendry et moi descendîmes ensemble.

- Le couple-ci même hein, n'est-ce pas elle rentre aujourd'hui ? Je vais voir comment tu vas faire.

- Je vais partir avec elle, répondit Kendry.

- Après tu l'épouses aussi nor ? En tout cas, Eva voici ton billet. Elle me le tendit.

- D'accord tata.

- J'espère que tu es déjà prête. On y va. Tu viens avec nous ? demanda-t-elle à Kendry.

- Je suis seulement le gardien de la maison ci ? On y va.

Je montai prendre mes sacs, sans oublier mes crêpes.

- Les femmes ne conduisent pas la nuit, donne-moi les clés, déclara Kendry.

- C'est ça, répliqua sa mère.

Elle les lui donna et nous nous mîmes en chemin.

Je vous passe tous les trajets !

J'arrivai enfin à Yaoundé. Je fis un message à ma mère pour qu'elle vienne me chercher mais elle me répondit après plus de 15min.

- Prends le dépôt.

- Je n'ai pas l'argent hein, tu vas rembourser.

- Je t'envoie de l'argent.

A peine cinq minutes mon téléphone vibra : un message d'Orange Money.

- J'ai vu, merci. Les bons comptes font de bons amis.

Il y a un principe avec les mères africaines : toujours demander l'argent ou rappeler que tu n'as pas de l'argent pour faire un truc qu'elles demandent sinon .... merci d'oublier ton argent !

Je pris mon dépôt et je rentrai.

J'arrivai à la maison et je trouvai maman au salon.

- Bonjour ma'a !

- Ça va ?

- Oui oui !

- Tu sors avec un petit sac et tu rentres avec des sacs ? D'accord madame.

- Lol ! Elle est où, Raya ?

- Tu oublies qu'elle est élève ? Elle s'apprête pour l'école.

Je montai la rejoindre dans la chambre. Elle repassait sa tenue de classe.

- Oh petite !

- Tu m'as gardé une paire de tennis ? Comme ça je porte même ça aujourd'hui.

J'ouvris mon sac et je sortis deux paires de chaussures pour elle.

- J'avais toujours su qu'à un moment tu pouvais être gentille !

- Plus gentille que moi n'existe pas !

- Tu vas aller dire bonjour à ton gars aujourd'hui ?

- Sans ?????

- Le jour où ça va finir entre vous nor je vais bien rire et pas petit s'il te plaît.

Elle parlait alors là comme de la blague.

- Back to the sender!

- En tout cas... On attend pour voir.

Je partis me coucher, question de me reposer. S'il y avait bien un truc que j'aimais plus que la bière, c'était le sommeil.

Je vous passe le récit de ma matinée. Il n'y avait rien de "waouh".

Vers 14h, je m'apprêtai pour aller chez mon homme. Je mis un vêtement plutôt sexy.

Je me rendis alors chez Jordan. Et une fois chez lui :

- Hey bébé ! dis-je, toute excitée.

- Je t'ai déjà dit qu'un jour tu vas trouver une autre fille couchée sur mon lit. Entre toujours sans toquer...

- Je trouve une fille ici, je la claque bien.

- Viens dans mes bras.

Mon gars ci même hein...

Vraiment hein n'entrons pas dans les détails...

Sinon, les filles savent parfois être fausses hein : tromper un mec et faire comme si tout allait bien quand tu es avec lui. Yess !

Après la célébration de nos retrouvailles, je partis prendre une douche et je revins me coucher !

Jordan c'était mon homme ! Avec lui, je me comportais déjà comme une femme mariée.

On resta couchés et on bavarda. Je lui racontai mon séjour à Bafoussam, du moins les parties qui m'arrangeaient. Mais je sentais Jordan un peu trop évasif.

- Bébé c'est quoi ? Il y a un problème ?

- Non ! Non !

- hum Okay !

Subitement, mon téléphone se mit à sonner : c'était Landry. Seigneur ! Toi-même tu ne vois pas que ce n'est pas le bon moment ? Je ne pouvais même pas essayer de sortir avant de répondre sinon Jordan se douterait de quelque chose. Je décidai donc de décrocher croisant les doigts pour que je ne sois pas obligée de dire une parole un peu déplacer.

- Allô !

- Tu arrives tu ne me dis pas ?

- Désolée, c'est sorti de ma tête !

- Hum okay ! Ça a été ?

- Quoi ?

- Le voyage.

- oui oui ! Par la grâce.

- Par la grâce !? Okay ! C'est quoi, tu es avec ta mère ?

- Non !

- Ton mec ?

- oui !

- Je te rappelle alors plus tard.

- okay après !

Vous connaissez ce genre de conversation ? « Oui, non, oui, non, ah peut être »

Etre infidèle n'est pas facile. Il faut savoir jouer sur la psychologie du partenaire.

- C'était qui ? s'enquit Jordan.

- Mon cousin, répondis-je.

- Ton cousin de sang ou bien ton cousin par nom ?

- Je ne te comprends pas !

- Tu comprends très bien ce que je suis en train de dire !

- Attends ! A peine une semaine que j'ai fait là-bas, tu doutes déjà de moi ? Qu'est-ce qu'il y'a bébé ?

- Rien, rien.

- Bébé !

- Eva, pardon je suis fatigué.

- C'est pour dire quoi ?

Il ne me répondit pas, mais se coucha en me donnant le dos.

- Bébé c'est quoi ?

- Rien, je suis fatigué.

- Je ne te comprends pas. Ta go rentre d'un voyage, au lieu de lui montrer qu'elle t'a manqué toi tu me boudes et je ne sais même pas pourquoi !

- Je t'ai dit que j'étais fatigué nor. J'ai mal à la tête !

Je vous assure je déteste ça !

Je me suis levée pour porter ma chaussure et prendre mon sac.

- Tu fais quoi ?

- Je ne peux pas rester ici avec toi alors que tu agis si bizarrement. Je rentre.

- Okay !

- C'est tout !? Okay !

Chapitre III

Pendant que tu es jeune souviens-toi de ton créateur, souviens-toi de lui avant l'arrivée des jours mauvais. Avant le moment où tu diras : "je n'ai plus envie de vivre".

Ecclésiaste 12: 1

Enfin chez soi !

Durant tout le trajet, je n'avais que pensé à l'attitude de Jordan. Je ne comprenais pas ce qui le mettait dans cet état. A un moment, j'avais même cru qu'il avait appris pour Landry et moi mais c'était impossible vu qu'aucune de mes copines ne le lui dirait ! Pour me changer les idées je demandai à Landry de m'appeler pour que nous bavardions. Il le fit et je lui racontai la scène de chez Jordan.

- Werrr ma go a les problèmes avec son gars… dit-il, soucieux

- Tu es trop bête, ish !

Il me conseilla d'aller parler posément avec Jordan afin de connaître vraiment la raison de son comportement. Au départ, je refusais disant que c'était à lui de venir me voir s'il avait un problème. Mais très rapidement, Landry a tué cette pensée dans ma tête.

Vraiment Landry était une bonne personne. Certes, il était un peu "fuck boy"[5] mais ça pouvait passer. Je ne savais pas que c'était possible de sortir avec un boy autre que ton mec et de lui dire autant sur toi !

Après notre conversation, je montai me coucher toujours pensive. Je fis un message à Jordan pour lui demander si on pouvait se voir.

- Hey B ! J'espère que tu vas bien. Je suis bien arrivée à la maison. Jordan, je ne sais pas pourquoi tu étais ainsi tout à l'heure. Je ne sais pas si j'ai fait un truc qui t'a énervé et tu ne veux pas me dire… Bébé, s'il te plait parle-moi. Si tu veux on peut se voir pour en parler posément.

Après quelques minutes il me répondit :

- Okay ! Tu peux passer à la maison demain si tu veux, je n'irai pas en cours.

- Okay

Jordan avait cette habitude de faire les problèmes, surtout quand j'avais tort. Il me torturais comme si ...

Mon humeur était gâchée. Je pris donc mon ordinateur et je commençai à regarder un film juste pour éviter de penser mais c'était impossible. Je décidai donc d'appeler Nathan pour que nous bavardions. Au départ, c'était plutôt cool jusqu'à ce qu'il se rende compte que j'évitais de parler de mon séjour à Bafoussam. Nathan était un gars trop vrai, qui ne supportait pas le faux. S'il venait à apprendre ce que j'avais fait à Baf (Bafoussam), il allait me gronder plus qu'une mère qui gronde son enfant lorsqu'il fait des bêtises.

- Eva !

- Je t'écoute.

- Qu'est-ce qui s'est passé à Bafoussam ?

<hr>

[5] Accro au sexe.

- Euh rien ! Pourquoi cette question ?

- Je te connais assez. Et façon tu limites tes propos lorsqu'on parle de ça… hum !

- Ah !

- Tu ne parles pas ?

Au départ je voulais lui mentir, mais après j'ai dit ah ! Pourquoi ne pas lui dire la vérité ?

- Tu veux la vraie vérité ou la vérité selon moi ?

- Parle vite !

Je pris un coup d'air et je me lançai. Je lui racontai tout, y compris le comportement même de Jordan de tout à l'heure.

- Eva, je suis fatigué de te dire de te respecter. Tu es une femme et je me demande bien comment toi-même tu te sens lorsque tu fais ça ?

En réalité, au départ je me fichais pas mal de ce qu'il disait. Je faisais genre j'avais compris mais après, il a commencé à être vraiment vrai et strict dans ses propos.

- Le problème c'est quoi ? Le fait que j'ai flirté avec Landry ?

- Non ! Mais le fait que tu ne te respectes pas, voir que tu n'as pas de dignité. Je sais que pour toi, c'est un comportement normal : profiter de ta vie, fêter, yamo ... Mais Eva, ça a des limites. Tu ne peux pas connaître un boy un jour, le lendemain vous êtes ensemble et le jour d'après tu es dans son lit alors que tu es en couple.

- Je m'amusais juste !

- Je ne te demande pas d'être "Dieu Dieu". Tu vois ce que je veux dire! Mais d'être responsable. Landry peut-être une bonne personne tu vois ? Nous les hommes, aimons lorsqu'une femme est rebelle, sérieuse. Même si c'est pour les deux premiers jours. Il ne te le dira peut-être pas mais je suis sûre qu'il te prend pour une fille légère.

- Je me fous de ce qu'on pense de moi, toi-même tu le sais.

En fait, je disais cela juste pour me consoler, car d'une part, il avait raison mais bon ... nous avions encore parlé du sujet «Landry» pendant près d'une dizaine de minutes puis Nathan a changé de sujet.

- Je t'ai assez blâmée ce soir. Parlons maintenant de ton mariage.

- Tsuip ! Tu ne seras même pas d'abord là

- Qui a dit ça ?

- Moi ! Je ne vais pas t'inviter !

- Parce que j'ai besoin d'invitation ? En passant, j'ai une question.

- Je t'écoute.

- Tu aimes Jordan ou bien tu le réserves juste ?

- Réservé ? Je ne te comprends pas !

- J'ai l'impression qu'à un moment de la relation, on a tendance à être avec un gars ou une fille juste pour la réservation ; c'est-à-dire pour ne pas qu'une autre personne l'arrache. On pourrait avoir des projets ensemble sans même avoir de vision.

- Euh ! Je ne sais pas. Je dirai que je l'aime et nous avons des projets futurs ensemble.

- En tout cas hein ... Vous me faites d'abord rire vous deux-là.

- Ekieu ! Comment ?

- C'est vous les gens de l'église, ceux-là qu'on sait qu'ils font la différence d'avec les autres. Mais au contraire, ton choriste et toi c'est la magie seulement.

- Tu connais déjà ma position sur l'autre ci ! Je ne vois pas le mal qu'il y a à cela.

- Nous n'allons pas revenir dessus... En tout cas, un jour nous aussi nous aurons des projets futurs.

- Tsuip ! Toi, ta vie c'est le travail d'abord.

- Oui nor ! Je travaille pour prendre soin de ma femme plus tard.

- Okay oh boss !

Nous discutâmes encore quelques minutes puis je le laissai. J'avais fait pratiquement deux heures de temps à repenser à ma conversation avec Nathan jusqu'à m'endormir.

Le lendemain

Je me levai un peu tard vers9h avec un visage plutôt pâle. Je ne savais pas si c'était dû à ma journée précédente ou à autre chose mais bon, je pensais que ça allait me passer. Je descendis faire mes travaux avec les écouteurs aux oreilles et je partis dire bonjour à maman dans sa chambre ...

- Bonjour ma'a !

- Ça va ?

- Oui et toi ?

- Ça va.

- Tu ne sors pas aujourd'hui ?

- Si, mais vers 11h.

- Anh okay. Je vais allez au campus tout à l'heure voir si les notes sont déjà disponibles.

- Okay.

Je montai dans la chambre et je fis un message à Jordan pour savoir s'il était à la maison. Quelques instants après, il me répondit.

- Oui, j'y suis.

- Okay ! J'arrive d'abord au campus. Je passe juste après.

- Okay !

Je partis prendre ma douche, puis je m'apprêtais pour sortir.

- Maman j'y vais, lançais-je à ma mère.

- Okay.

Je pris le taxi pour l'école. Quelques instants plus tard, j'y arrivai. Je me dirigeai au département regarder les notes. Et oui ! Elles étaient sorties et par la grâce, j'avais tout validé ... Je fis un message à ma mère et mon père pour le leur dire. Pleine de joie, je descendis chez Jordan pour régler les problèmes. Je me rendis à pieds puisqu'il n'était pas loin du campus.

Chez Jordan

Comme d'habitude, je m'installai... Nous fîmes près de 30min sans nous parler. Chacun était sur son téléphone.

- Je suis fatiguée de cette atmosphère tendue. C'est quoi le problème ?

- Je n'ai pas de problème. À ce que je sache, c'est toi qui es partie hier et non moi.

- Oui ! Je suis partie parce que tu étais trop un genre et je ne supportais pas.

- Okay ! Bon moi, perso je n'ai pas de problème.

Je m'approchai de lui, nous nous embrassâmes plusieurs fois. Après, il voulait que nous continuions mais je l'avais refusé.

- Je n'ai pas très envie aujourd'hui, s'il te plaît.

- Hum !

- Quoi ?

- Non rien.

- Je doute.

- Eva, depuis un temps, toi et moi nous n'avons plus eu d'intimité et je n'aime pas ça.

- Ça arrive nor !? Ce n'est pas chaque jour qu'on se voie qu'on doit coucher ensemble.

- C'est pour dire quoi ?

- Rien ! Je dis juste que....

- Je ne peux pas être dans une relation dans laquelle je suis privé de ce qui me plaît le plus.

- Je ne te comprends pas ! Donc deux fois que nous nous sommes vus de manière normale c'est déjà un problème ? Je ne comprends pas.

- Laisse tomber !

- Tu es trop bizarre Jordan. Je ne sais pas ce qui t'arrive mais je ne te reconnais plus.

Il m'a ignoré et nous sommes restés encore un bon bout de temps dans le silence jusqu'à ce que je reçoive un appel. C'était papa. Il voulait que j'aille récupérer un colis. Ça m'arrangeait même. Au lieu de rester ainsi avec Jordan, il était préférable que je parte.

- Bon, j'y vais.

- Où ?

- Papa m'a commissionné.

- okay !

Il se leva pour m'accompagner. Nous ne nous sommes plus rien dit durant la petite marche de chez lui à la route. Il me mit dans le taxi et s'en alla. De mon côté, je voulais juste pleurer et je ne savais pas trop pourquoi. J'avais directement fait un message à Nathan pour qu'il m'appelle plus tard.

Comme me l'avait demandé papa, j'allai prendre le paquet et je rentrai à la maison. A mon arrivée, Raya était là avec des amies.

- L'école est finie ?

- Oui ! Les autres cours ont été annulés. Nos enseignants ont une réunion.

- Okay

- Bonsoir Éva, lancèrent ses amies.

- Ça va ?

- Oui !

Je les laissai au salon et je montai rester dans la chambre. Je me couchai, les écouteurs aux oreilles. J'avais mis "Longtemps" de AMIR et les larmes commencèrent à couler seules. Dans ma tête, une question ne faisait que passer : « c'est déjà la fin comme ça ? ». J'avais peur et j'étais inquiète.

Ne pouvant plus attendre, je décidai moi-même d'appeler Nathan. Il ne décrocha pas la première fois. Je ressayai donc et il prit le téléphone.

- Allô !

- Oui, ça va ?

- Oui, et toi ?

- Oui ! S'il te plaît, donne-moi 15 minutes je finis un petit travail là.

- Okay.

Je coupai l'appel et je remis ma musique. Tout ce qui venait dans ma tête c'était "Jordan Jordan". J'avais donc pris la Bible pour lire un peu et pour me changer les idées, vu que je ne voulais parler à personne, hormis Nathan. Voulant comprendre certains concepts, j'allai sur Google chercher des versets parlant de l'amour. Le premier qui m'est apparu est celui qui dit : « Ne réveillez pas l'amour avant qu'elle le veuille ».

Sur le coup, je n'avais pas trop prêté attention à ce verset. Moi tout ce que je voulais c'était que Dieu me dise que ce n'était pas la fin de ma relation. Je ne savais pas pourquoi mais, comparé aux autres fois que j'avais eu des problèmes avec Jordan, jamais je n'avais été aussi inquiète par rapport à la relation.

Perdue dans mes pensées, j'attendis que Nathan me rappelle.

- Yo !

- Tu fais quoi ?

- Rien. Je viens de rentrer et je suis couchée.

- On se voit au fr******tz[6] dans 30min maxi.

- Et si je ne veux pas !

- Je viendrai te chercher.

- Tsuip !

- 30 minutes, pas plus !

Je n'avais même pas eu le temps de lui répondre qu'il avait déjà coupé. Je filai direct chercher ce que j'allais porter. Bon il n'était que 15h donc j'allais mettre un truc simple. Je pris une douche puisque que j'avais transpiré en journée. Je m'habillai puis j'y allais.

Au restaurant

- Yo bro, je retrouvai Nathan.

- 10 minutes de retard.

Je lui fis bisou sur la joue puis je m'assis en souriant.

- Je ne suis pas quand même trop en retard, comparé aux autres fois.

- C'est ça ...

Nous passâmes nos commandes et nous commençâmes à bavarder.

- Bon Evy[7], commença Nathan.

- C'est quoi ?

- Je te fais sortir rarement. Ne crois pas que je t'ai amenée ici pour regarder ta grosse tête.

- Le contraire m'aurait étonnée.

- Alors, c'est quoi le problème ?

---

[6] Restaurant pas très loin de la maison
[7] C'est ainsi qu'il m'appelait lorsqu'il voulait un truc..

Je l'avais juste regardé et je ne voulais plus parler.

- Eva, c'est quoi le problème ?

- T'ai-je dit qu'il y avait un problème ?

- Ça ne me prend pas.

Je l'ai encore regardé et d'un coup, les larmes commencèrent à remplir mes yeux. L'ayant remarqué, il se rapprocha de moi et commença à me menacer.

- Les choses des villageoises que tu veux commencer là je ne suis pas d'accord !

Je lâchai un sourire discret.

- Tu vas faire, une fille va croire que je t'ai barrée ou alors que tu es en train de me dire que tu es enceinte pourtant tu n'es ni ma go, ni ma femme. Donc, ne tente même pas !

J'éclatai de rire avec les larmes aux yeux.

PS: blague à part, cherchez à avoir des amis comme Nathan dans vos vies. Ce genre d'ami qui sait quand vous êtes triste, comment vous faire rire, ce genre d'ami qui vous blâme quand vous agissez mal ! Et non des amis qui vous encouragent juste à faire des sorties.

- J'étais chez Jordan tout à l'heure. Bref, après être passée à l'école, je suis allée chez lui pour parler avec lui et régler les problèmes.

- Okay...

- Bon, nous avons légèrement parlé. Après, il voulait que nous couchions ensemble mais je n'avais pas trop envie. Du coup, j'avais refusé et il l'a mal pris.

Il ne parlait pas mais me regardait juste.

- Moi perso, je n'ai pas trop compris pourquoi il s'énervait. Juste après que j'avais refusé de coucher avec lui, il m'a lancé une phrase comme quoi "il ne peut pas être dans une relation dans laquelle il est privé de ce qu'il aime". Je n'ai pas compris ce qu'il voulait dire. Je ne sais pas pourquoi depuis je suis dans cet état mais j'ai peur, peur qu'à cause de ça je le perde. En plus...

J'avais craqué et je parlai maintenant avec les larmes qui coulaient de mes yeux.

- Eva, calme-toi.

- J'ai toujours tout fait pour ne pas avoir de problèmes avec lui. Plusieurs fois, je suis allée là-bas avec l'intention de ne pas avoir des rapports intimes avec lui mais pour lui faire plaisir, j'ai toujours succombé. Depuis mon retour de Bafoussam, il est devenu bizarre avec moi.

A voir la tête de Nathan, j'avais tout de suite compris qu'il était étonné d'entendre certains faits. Il me regardait avec insistance. À un moment, il a lâché un grand coup d'air et a commencé à me parler.

- Je sais que là présentement tu as besoin d'être rassurée et épaulée mais avant, je vais te dire une vérité. Tu penseras peut-être que je dis juste ça comme ça mais ce n'est pas le cas. Eva, Jordan n'est pas avec toi parce qu'il t'aime, mais j'avais l'impression qu'il est avec toi juste pour le sexe. Votre relation a été tellement centrée dessus que sans ça elle est vide. J'irai jusqu'à affirmer que pour lui, tu ne lui sers pas à grand-chose à part coucher avec lui.

En vérité, ses paroles me déchiraient de l'intérieur mais je savais qu'il n'avait pas totalement tort.

- Tu l'aimes peut-être mais je ne pense pas que ce soit réciproque ! Je t'ai dit dernièrement que plus tu couches avec un boy plus ta valeur diminue à ses yeux. D'autant plus que vous n'êtes pas mariés, donc rien ne vous lie.

- C'était notre manière à nous de ....

- De quoi Eva ? Aujourd'hui, parce que tu lui refuses des rapports une seule fois il se fâche ? Tu trouves ça normal ?

Pendant que nous parlions mon téléphone vibra, c'était un message de Jordan.

« J'espère que tu es bien arrivée. Bref, je vais aller droit au but. Je t'aime bien. Je dirai même que je t'ai un peu trop aimée mais Eva, notre relation n'a plus de sens ! Il n'y a plus rien. Pour éviter donc une perte de temps de nos deux côtés, je préfère que nous arrêtions. Bisou. Prends soin de toi ! »

La plus pire des manières ! C'est ainsi que ma relation s'est achevée ! J'avais fondu en larmes, en montrant le message à Nathan. Il était plus surpris que moi.

Je n'avais plus envie de parler, je regardais juste mon téléphone et les larmes coulaient ...

- Je me suis donnée à fond dans cette relation mais parce que j'avais refusé de coucher avec lui, tout s'arrête !

- Eva calme toi s'il te plaît. Tu as peut être mal, mais essaye de voir le bon côté des choses !

- Je veux rentrer, s'il te plaît.

- Tu ne peux...

- S'il te plaît Nathan je veux rentrer !

- Okay. Je te raccompagne jusqu'à la maison si tu veux bien.

- Okay

La journée la plus longue de ma vie était celle-ci. Nous sommes sortis du restaurant dans un silence de deuil. Dans le taxi j'étais couchée sur son épaule, les écouteurs aux oreilles.

Comme on le dit souvent, une go peut avoir le nombre de boys qu'elle veut mais le jour où le titulaire s'en va elle peut mourir.

Si les paroles de Jordan m'avaient blessée, son message m'avait juste brisée ! Le seul moyen que je trouvais d'évacuer cela était de me retirer et de suivre la musique dans ma chambre !

J'étais encore couchée quand mon téléphone se mit à sonner : c'était Landry. Je n'avais pas trop envie de parler avec lui bien qu'il allait me faire changer les idées. Mais il insista et finalement je pris son appel

- Allô !

- C'est comme ça qu'on oublie son amant ?

Je lâchai un léger sourire au bout du coup de fil.

- Mon amant ? Pas mal !

- Sinon comment tu vas ? Depuis que tu es Yaoundé tu ne me gères plus ! N'est-ce pas ton gars prend bien soin de toi ? Nous les intrus, on fait comment ?

- C'est pour cela que tu appelles les gens de grand matin ? Merde !

- Oui ! Oui ! Je me suis levé un peu tôt aujourd'hui et je m'ennuyais du coup il fallait que je m'occupe.

- Donc je suis en quelque sorte celle qui te divertit !

- Non il fallait que je te rappelle que ton amant va bien vu que ton gars prend ta tête.

- Merde ! Déjà, je ne suis plus en couple ! Et non, je te dis juste que ces derniers temps, ce n'est pas trop ça de mon côté.

- Qu'est ce qui s'est passé ?

- Et si on évitait de parler de ça.

- Hum Hum Ok Ok ! Mais cela n'empêche que tu viennes pleurer dans mes bras hein !

- Ahka ! Tu es un peu trop villageois pour que je vienne faire ça chez toi !

- Merde

En vérité, je ne voulais pas parler de cette situation avec lui parce qu'il avait presque le même style de logique que Jordan. Pour eux, le sexe voulait beaucoup dire.

Nous avons fait près d'une heure au téléphone à bavarder. Cette conversation m'avait beaucoup aidée à retrouver une partie de la bonne humeur. Juste après l'appel je traînai encore quelques heures au lit puis je descendis faire le ménage. Après avoir finis, je fis un message aux filles pour connaître leurs positions et aller rester avec elles car plus je restais seule, plus je pensais à la relation et plus j'avais mal. Malheureusement, pour moi elles étaient toutes occupées. Je m'assis donc devant la télé bien qu'à un moment, j'étais fatiguée. Deux heures après, Nancy arriva à la maison et comme d'habitude, le bavardage commença. Je lui lançais alors :

- J'avais cru que tu en avais pour toute la journée !

- Il ne fallait pas que tu te suicides. Du coup, je me suis dépêchée.

- En passant tu étais où ? Tu m'as juste dit que tu étais prise.

- Tu connais Marc ?

- Non

- Tu le connais !

- Je dis non eh !

- Rappelle-toi du gars qui avait pris mon numéro une fois quand nous étions à s**** burger.

- Je ne me rappelle plus.

- Bref j'étais avec lui.

- Où ? Chez lui ?

- Non !, À son lieu de service. Il voulait me montrer où il travaille et tout et tout…

- Le jour où on va t'attraper, tu vas dire qui est ton vrai boy !

- Tous sont mes vrais boys.

- N'est-ce pas ?

- Oui ! Oui. !

- Elle me tendit un plastique dans il y'avait des gamelles.

- Je lui ai dit que je venais voir ma copine qui est malade et il a proposé qu'on prenne des plats pour la malade et le garde malade.

- Yesss! I go té?

- Go té I

- Je ne savais pas que j'étais malade ! Boss, dites s'il vous plaît je souffre de quoi ?

- Ton gars t'a barré nor ?

- le rapport ?

- Voilà tu as une blessure de cœur qui n'est pas encore guérie !

- Yessss !

Nous commençâmes à manger et je déclarai :

- Sinon c'est un poulet ici hein ! Merde ! Il fait quoi dans la vie ?

- Je sais même ? Je sais juste qu'il a un bureau là au ministère bon. Il m'a dit mais j'avais oublié.

- Hein mama ! Pourtant tu sors de là ?

- L'essentiel c'est qu'on s'aime. Sinon il te faut un nouveau gars.

- Ça fait à peine 4 jours que je suis célibataire, madame !

- Et ? Ta vie ne continue plus?

Non, elle n'avait pas tort hein ! Certes, j'aimais, bon je l'aime toujours mais ma vie ne s'arrête pas là !

- Je vais réfléchir à votre proposition madame.

- Ouais c'est ça ! T'es partante pour une séance de sport ce soir ?

- Oui pourquoi pas ? Mais on part à la salle s'il te plaît !

- Ok je fais un message à Miriam pour lui dire

- Ok.

Nous restâmes encore un peu de temps ensemble puis elle rentra. Comme prévu le soir nous partîmes courir. C'était plutôt cool et pénard. On finit chacune par rentrer. J'arrivai à la maison et je pris une douche. Je viens rejoindre maman et Raya au salon. On bavarda de tout et de rien. Maman nous exhorta alors en ces termes :

- Votre père rentre demain. Faites donc l'effort d'être là !
Nous répondîmes par l'assentiment.

Il faut noter que papa avait voyagé à cause du boulot. Maman poursuivit :

- Eva, apparemment les résultats de ton concours sortent cette semaine.

- Je ne sais pas trop hein ! Je vais me renseigner.

- ok ! Raya demande alors :

- Si tu réussis, tu n'habiteras plus ici ?

- Je ne sais pas encore, répondis-je.

- Attendons d'abord les résultats, déclara maman.

- Entre temps les congés de Pâques ne sont plus loin dit Raya.

- Un mois deux semaines, répliquai-je.

- Oui ! Oui ! Je vais aller rester à Douala, répliqua ma petite sœur.

- N'est-ce pas ? Reprit maman.

Raya : ...

- Moi je vais dormir, rassurez-vous d'avoir bien fermé les portes avant d'aller vous coucher, ordonna notre mère.

- ok, fut notre réponse.

A peine maman s'était levée que Raya avait déjà lancé un appel

- Humm les appels de nuits ? Pas mal.

-: Mdr c'est mon ami.

- Il veut t'expliquer le cours nor ?

- Ahka, je monte même d'abord !

Ma petite sœur mange l'amour pendant que sa grande sœur fait encore le deuil de son ancienne relation, la vie est hein ...

Je visionne encore quelques temps après je vais également me coucher !

Cette semaine se passa de la plus bizarre des manières !

Aujourd'hui, c'est l'anniversaire d'une camarade Leila. Du coup, toute la journée avec les filles. Nous nous préparions : ongles, coiffure, vêtement....

- Aujourd'hui est un jour décisif, lança alors Nancy.

Et à Miriam de demander :

- Tu parles de quoi ?

- Tu ne sais pas que je peux trouver l'homme véritable de ma vie là-bas ? Répondit-elle. J'interrogeai :

- Homme véritable?

- Oui j'avais beaucoup « d'hommes de ma vie ». Maintenant il me faut le véritable. Je dois me poser.

- Pas croyable cette fille ! s'exclama Miriam.

- Je dois trouver un nouveau mec, un beau gars là, répliquai-je.

-Pas mal là-bas ! Et toi Miriam? S'enquit Nancy.

- Quoi moi ? rétorqua-t-elle.

- Tu te mets en couple quand? Repartit Nancy.

-Bientôt, bientôt fut sa réponse.

Subitement son téléphone sonna, elle sorti et décrocha l'appel. Elle revint quelques minutes après toute souriante. Je lui demandais alors :

- C'était qui ?

- Quoi ? Répliqua-t-elle.

- Tu causais avec qui boss ? Jusqu'à revenir avec le sourire? Bon c'est vrai on sait que tu n'as pas le gars mais c'est bizarre ! Insista Nancy.

- Vous êtes bêtes hein ! C'est Amani. Déclara-t-elle.
Amani était sa cousine.

18h, j'échangeais avec ma mère en ses termes :

- Maman je pars.

-: Tu as dit au revoir à ton père ?

- Oui ! Oui !

- Ok. Minuit ne te trouve pas là-bas.

- Ok ! Ok mum !

Si seulement ma mère pouvait savoir comment j'avais déjà un programme bien établi dans ma tête pour rentrer le matin !

Avec Miriam et Nancy nous nous retrouvâmes devant le snack où avait lieu l'anniversaire.

On ne pouvait pas fêter chez eux parce que c'est son mec qui avait organisé l'anniversaire, chose qu'évidement les parents de Leila ignoraient.

Un jour nous aussi nous vivrons ce genre d'expérience.

Nous entrâmes et nous nous installâmes. C'était plutôt cool à l'intérieur.

- Moi je vais danser à plus ! nous informa Miriam.

Je restai avec Nancy à bavarder et à faire les meufs.

Il faut relever ici que pour une fille qui veut attirer l'attention sur elle à une soirée c'est avec les petits mimbas.

À un moment, un gars vint chercher Nancy pour danser avec elle et elle me laissa toute seule ! Mais comment suis-je seule ? Personne ne vient me chercher? Je pris mon verre et je sortis question de me détendre un peu. Je partis rester à la terrasse et je regardai la ville ! J'y ai fait pratiquement 20 minutes, Nancy me fit alors un message pour dire que Leila voulait parler. Je me précipitais d'entrer.

Pour pimenter sa soirée avant la coupure du gâteau elle mit un tour d'honneur. L'impresario commença à lire les couples et je fus surprise d'entendre mon nom. Je me dirigeais donc sur la piste en attendant mon partenaire... J'ai été éblouie quand il arriva près de moi.

C'est Dieu qui voulait que ça finisse avec Jordan, je vous jure. Tout ce que Dieu fait est bon eh. Heureusement que j'étais célibataire!

Si seulement vous pouviez le voir.

- Bonsoir !

- Bonsoir !

Il me prit les bras et les passa à son cou. Puis il passa ses mains autour de ma taille. Directement ma tête fut contre sa poitrine : son parfum, les sensations fortes…

Blague à part les amis, un homme doit sentir bon ! C'est obligé ! Juste son parfum m'avait envoutée.

Nous dansâmes à peu près 5 minutes et le DJ arrêta le son. Je voulais mourir, genre c'est déjà fini? Il enlève sa main sur ma taille et me laissa partir. Je retrouvai Nancy à notre table.

- Ma go c'est chaud ! Lançais-je.

- Quoi ? Répliqua-t-elle.

- J'ai trouvé l'homme de ma vie.

- J'avais dit l'affaire-ci ! C'est-à-dire que Jordan bloquait ton destin tu vois alors ? Il est où ?

Je le fouillai du regard dans la salle et je le montrai à Nancy.

- Ça c'est l'homme hein !

- Ouais je sais! Je sais. Elle est où Miriam?

- Aucune idée! Peut-être elle a aussi trouvé l'homme de sa vie qui sait !

- mdr

On procéda à la coupure du gâteau et à la remise des cadeaux.

Je retournai rester à la terrasse vu que Nancy m'avait encore laissée. À ma grande surprise, je trouvai mon fameux cavalier à la terrasse au téléphone. Je m'assis sur une chaise et je regardai les posts snap que les gars avaient mis. Sinon j'écoutais un peu la conversation de mon « crush » même comme il parlait doucement là. À l'écouter parler, je me voyais déjà porter ses enfants.

Il finit son appel et se rapprocha de moi. Je l'ai tout de suite remarqué et je fis comme si j'étais dans mon monde avec mon téléphone. Il s'assit sur la chaise qui était juste à côté de la mienne.

- Tu viens à la fête et tu restes à la terrasse ?

- Il y'a un peu trop de bruits à l'intérieur.

- Tu es très belle.

- Merci.

Mon merci la n'était pas sincère car je voulais seulement sauter sur lui. À la base je sais que je suis belle vous voyez ? Mais quand lui il me l'a dit c'est comme si ma beauté avait pris la fusée merde.

- Moi c'est Aymard.

- Beau prénom je trouve.

- Merci et toi ?

- Eva.

- Mignon.

- Merci.

Je déteste les premières heures d'une nouvelle rencontre! Tu dois toujours te comporter, ne pas trop parler. Tu dois tout faire avec modération ishh.

Nous avons bavardé pendant des heures. Il me parlait de lui et pareil pour moi ! J'avais tout de suite compris que ce n'était pas un gars sérieux mais ça ne me disait rien. Nous nous sommes échangés de numéro et nous avons encore ba-

vardé. À un moment il a mis de la musique sur son téléphone et m'a de nouveau invitée à danser. Très beau jeu !

La romance ! La romance !

On a dansé, dansé, dansé !

Et après, il m'a embrassée.

Sinon c'est comme si je suis déjà amoureuse hein !

J'étais avec l'homme jusqu'à oublier mon couvre-feu. Je
décidai d'aller voir Nancy pour qu'on règle ça !

Je dis donc à Aymard :

- Donne-moi quelques minutes s'il te plaît, je veux faire
un petit truc.

- Okay ! répondit-il.

Je courus directement vers Nancy, je la prends par le bras
et l'emmenai dehors.

- C'est quoi ?

- mon couvre-feu.

-Mais t'avais déjà un plan nor ?

- Oui et tu dois être là ! Je vais appeler maman et tu vas
confirmer ce que je vais dire.

-Okay dépêche-toi donc !

Je lance l'appel.

.....

......

....Allô ?

- Oui maa.

- C'est quoi il n y a un problème?

- Non je voulais juste vous prévenir papa et toi, le quar-
tier de Leila est un peu dangereux. Et ses parents disent donc
que si on ne réussit pas à trouver quelqu'un avec qui je vais
rentrer je vais devoir dormir ici et rentrer le matin.

- Okay, Nancy et Miriam sont où ?

Je passe direct le téléphone à Nancy.

- Bonsoir maa.

-Ça va ma fille?

- Oui oui maman !

- Toi aussi tu vas dormir?

- Si on ne réussit pas à trouver quelqu'un pour nous rac-compagner.

- Okay okay faites attention à vous, bye !

- Bye

…Mission accomplie !

Nous retournâmes à l'intérieur, chacune à ses occupations.

Je déclarais donc à Aymard:

- Je suis là

- Tu as pu faire ce que t'avais à faire j'espère ?

- Oui oui t'inquiète !

- Okay okay c'est cool ! Il me prend dans ses bras et puis nous nous embrassâmes encore.

Certains affirmeront sûrement que je suis un peu trop facile mais je pense vous avoir déjà précisé ici que les choses qu'on ne dit pas au premier rendez-vous et autres-là ne me concernent pas. Si j'ai l'occasion de profiter je profite d'abord ! Et puis c'est tout !

En plus, je sais qu'avec Aymard ça va aller loin. Juste que la seule chose qui nous retenait pour l'autre étape, c'était le lieu où nous étions !

J'avais passé toute ma nuit avec lui dans ses bras, comme dans les films romantiques.

Si non les anniversaires sont biens hein !

À 08 h je cherchai Nancy fatiguée pour que rentrions mais je ne la trouvai nulle part. Je lui fis un message pour connaître où elle était.

-Tu es où boss ?

- Avec Marc, il est venu me chercher quand tu étais avec ton nouveau gars.

- Yess boss ! Tu es forte. ! À plus !

Sinon j'avais une copine hein mince !

Aymard me mit dans le taxi pour la maison.

J'arrivai quand tous étaient à l'église vu que c'était dimanche. Je courus prendre une douche et je me couchai.

- Eva !

- Hummm !

- Éva !

- Oui !

- Maman demande que tu viennes manger. Il est déjà 15h.

- 15 h ?

- Oui, répondit Raya.

- Merde j'arrive !

Je descendis manger puis je remontai. Je pris mon téléphone et je vis des messages d'Aymard me demandant si je suis bien arrivée. Je l'appelai directement.

- Allô

- Hey !

- Tu viens de te réveiller je suppose ?

- Ouais !

- Je l'ai compris vu que tu ne me répondais pas. Sinon tu t'es bien reposée j'espère.

- Oui ! Oui !

- Ma mère m'appelle. Donne-moi quelques minutes s'il te plaît. Je te ferai signe pour que tu rappelles.

- Okay !

Je coupai l'appel. Vu que je m'ennuyais, j'appelai Nathan.

- Donc tu fais des jours sans prendre de mes nouvelles et tu vis bien !

- On ne t'a pas appris à saluer les gens ?

- Non !

- Tsuip, ça va toi ?

- Oui ! Oui ! Très bien même.

- Qu'est ce qui t'anime ?

Je lui racontai l'histoire de mon nouveau crush.

- Hum !

- Ça veut dire quoi hum ?

- Ça fait à peine deux semaines que c'est fini avec Jordan…

- Oui je sais.

- Okay ! Okay ! Et tu dis que vous vous êtes même embrassés ?

- Oui, c'était trop beau. Je suis amoureuse.

- Ne te mens pas à toi même ! C'est de l'attirance, pas de l'amour ! Tu sais que je ne mâche pas mes mots nor ?

Je déteste quand il dit ça !

- Hum !

- Tu ne peux pas connaître un boy et à peine deux heures tu l'embrasses et tout ça !

- Tu as commencé…

- Oui j'ai commencé ! Madame je ne peux pas te voir te perdre et je ne dis rien ! Après libre à toi de m'écouter ou pas !

Je vous dis encore et je vous le redirai, ayez ce genre d'ami dans vos vies ! Ayez ce genre d'amis dans vos vies !

- Hum !

Sans vous mentir tout ce que Nathan disait, entrait par une oreille et ressortait par l'autre. Moi dans ma tête, j'étais avec mon crush dans ma tête.

- Je sais que ce que je dis ne va pas rester dans ta tête, mais sois sage d'autant plus que tu ne le connais même pas !

- Oui oui ne t'inquiète pas.

- Sinon quoi de neuf ?

On bavarda et on, fit le Soko (Kongossa). On joua, bref on s'amusa au téléphone. Il posa alors la question :

- Et Jordan ?

- Hein?

- Tu as de ses nouvelles ?

- Non ! Non !

- Eva, tu sais que tu ne l'aimais pas nor ?

- Je l'aimais !

- Tu penses ?

- Oui !

- On n'oublie pas quelqu'un qu'on aime en une semaine ! Cela veut dire que ce n'était pas de l'amour !

- Je ne suis pas d'accord avec cette pensée.

- Eva l'amour ne part pas ! Encore moins en une semaine !

Pour moi, tout ce qu'il disait n'était pas logique ! C'est plus tard que j'allais comprendre.

J'étais une fille assez têtue, surtout quand j'avais déjà une idée en tête. Tout ce que Nathan disait ne me concernait pas.

- Nathan tu ne peux pas me comprendre. J'ai aimé Jordan et je dirais un peu trop même ! Il m'a blessée et j'ai tourné la page. Le problème il est où ?

- Avec l'histoire de Landry tu n'es pas totalement innocente dans cette histoire, oui il t'a blessée et une blessure grave ne guérit pas en une semaine ehh. Jusqu'à tu as déjà un autre boy avec qui tu te vois…

- Aymard est différent.

- Tu le connais depuis quand pour affirmer cela ? Je vais te dire quelque chose de vrai. Tu n'es pas obligé d'être en couple pour le moment! Certes, tu te sens comblée quand tu es avec quelqu'un mais Eva laisse-moi te dire que là présentement tout ça n'est qu'illusion. Après deux mois les problèmes commencerons.

- Mieux on passe dessus.

- C'est comme tu veux hein ! Je t'aurai au moins dit ce que je pense.

- Ah !

- Les résultats du concours ne sont toujours pas sortis?

- Non ! Non !

- Okay Okay et Raya comment elle va ?

- Bien ! Bien ! Surtout que ces temps, elle mange seulement l'amour.

- Explique !

- C'est comme si elle est en couple. Elle ne me l'a pas encore dit mais je suis sûre que c'est le petit danseur-là.

- Hum ! Okay. Elle a 17 ans nor !

- Oui ! Oui !

- Okay ! Okay !

Son « Okay okay » la était un peu un genre mais bon.

Après quelques heures au téléphone et après on mit fin à la discussion.

Lundi, le lendemain, je me réveillai avec une mine assez bizarre. Comme d'habitude tout le monde était déjà sorti. Je fis le ménage comme chaque matin. Je pris direction du marché car je devais faire la cuisine.

Au marché, je reçus un coup de fil de maman me disant que papa a chuté. Il était à l'hôpital mais je devais d'abord finir ce que j'avais à faire avant de venir car Raya devait rentrer de l'école et trouver de quoi manger. Du coup, j'avais changé de menu et j'avais décidé de faire un repas qui irait très vite : spaghettis sautés.

Je ne vous ai peut-être pas dit mais mon père souffrait d'un cancer du foie depuis maintenant deux ans. C'est une grande grâce qu'il soit encore là avec nous.

Je finis mon marché et je rentrai. Je me dépêchai à la cuisine et je fis un message à Nathan, Nancy et Miriam pour leur dire. Nathan lui me fait un retour quelques minutes après avoir vu le message.

- Tu es où.

- Maison. Je finis la cuisine et j'y vais.

- Okay je prends une douche. Je viens te prendre et on y va le temps pour toi de finir la cuisine.

- Okay ! Okay !

Je me concentrai sur la cuisine et ensuite j'allais m'apprêter. Je mis un ensemble jogging pour ne pas perdre de temps. Le temps pour moi d'arranger mes tresses, Nathan était déjà là. Nous patientâmes encore quelques minutes avant de sortir car la nourriture était encore au feu.

- Tu as été rapide hein !

- C'est parce que je n'ai pas pris de taxi.

- Et tu es venu comment ?

- J'avais la voiture de maman.

- Annh ! Okay !Okay !

Après quelques temps, le repas était prêt.

- C'est bon on y va !

- Okay ! Okay ! J'espère au moins que la nourriture-là a un goût !

- Moi-même je l'espère !

Nous sortîmes et se mîmes en route pour l'hôpital. Durant le trajet avec Nathan, nous n'avons presque pas parlé. Il faisait semblant d'être concentré vu qu'il était au volant et moi j'étais un peu trop soucieuse pour parler. À un moment mon téléphone vibra dans ma poche. Je le sortis et je regarde, c'était un message d'un camarade : les résultats du concours étaient disponibles.

- Les résultats sont disponibles.

- Quels résultats ?

- Du concours !

- Et ?

- Attends, je regarde !

Je n'avais pas vraiment envie de regarder car dans ma tête je voulais juste arriver à l'hôpital et voir mon père. Je remis mon téléphone dans ma poche. Nathan exprima sa surprise :

- Tu fais quoi ?

- Je n'ai pas vraiment envie de regarder, et si maintenant mon nom n'y figure pas ?

- Regarde

Je pris mon téléphone et j'ouvris le message. Je fouillai de mon regard mon nom et je le vis ! Oui j'avais réussi !

Je regardais Nathan en souriant. Il comprit directement que j'avais réussi !

- Félicitations madame ! Tu me prouves que tu n'es pas si bête !

- Oui c'est ça ! Mes parents seront grave contents !

J'étais heureuse au fond de moi. Vous savez en dehors du mariage de leurs enfants, les parents ont également un autre moment préféré : quand leur enfant réussit à l'école !

À l'hôpital, nous arrivâmes, et on se dirigeâmes à la salle d'attente retrouver maman qui y était. Elle était très soucieuse. Je courus donc vers elle pour lui demander comment se portait papa :

- Il va bien ?

- Bonjour maman !

- Comment tu vas fiston ? répondu ma mère à Nathan d'une voix assez pâle.

- Bien maman !

- Maman comment il va ? m'enquis-je.

- Il est en salle d'opération en ce moment.

Je ne peux expliquer la froideur qui m'a attrapé lorsqu'elle m'a dit cela. Je regarde Nathan du genre « ça commence mal ». Ne sachant quoi répondre à ma mère je m'assis sur la chaise en face d'elle et Nathan vint s'assoir juste à côté de moi. Je posai ma tête sur son épaule et il me souffla à l'oreille.

-Ne t'inquiète pas ça va aller !

Une larme s'échappa et glissa sur ma joue. Je l'essuyai directement et je mis mes écouteurs.

Sincèrement, un moment plus stressant que celui-ci nexiste pas. Je ressentais en ce moment l'inquiétude, la peur, l'angoisse qui nous prennent lorsqu'on a une personne proche en salle d'opération. C'est tellement stressant.

- Nathan, interpella ma mère.

- Oui maman !

- Venez on va faire une prière !

Nous nous levâmes avec Nathan et nous nous rapprochâmes d'elle. Nous passâmes quelques moments de louanges et d'adorations puis nous priâmes.

Franchement la prière apaise. Certes j'étais inquiète mais plus comme au début. Vous connaissez le verset qui dit « venez à mon vous tous qui êtes chargés et fatigués et je vous donnerai du repos » nor ? C'est exactement ce qui s'est passé ! La prière !

Juste après la prière j'avais annoncé à maman que j'avais réussi au concours, elle m'avait regardé, avait souri et m'avait dit félicitations. Je sais qu'elle était contente mais bon, elle n'était pas en bonne posture pour exprimer cette joie.

Nous avons fait près de 4 h de temps à attendre. Une attente tellement longue et durant tout ce temps ma mère était là à chanter des chants adoration et prier ! C'est là que j'avais vraiment compris à quel point elle aime mon père et elle fait confiance à Dieu !

Une femme qui prie pour vous, pas seulement quand tout va mal mais aussi quand tout va bien ! Voilà ce qu'on entend par « femme » !

Nous sommes déjà à 5 h d'attente et toujours rien.

J'étais couchée sur Nathan quand je vis maman se lever et se diriger vers un médecin. Vu comment ils parlaient j'avais tout de suite compris que c'est lui qui s'occupait de papa. Ils finirent de parler et maman revint vers nous.

- Il dit quoi ? Questionnai-je.

- Il s'en est sorti mais demain il aura une autre opération pour finaliser le travail. Répondit-elle.

- Ok !

Je voyais le visage de ma mère retrouver la joie en quelques minutes. C'était très rassurant.

- Bon je vais chercher Raya, je reviens ! déclara Nathan

- Oui elle panique sûrement là-bas à la maison.

- Elle sait qu'il a été opéré ?

- Oui je lui ai fait un message.

- Okay ! Okay !

Pendant qu'il se levait pour rentrer à la maison, Raya entra.

- Tu sors d'où boss ?

- De la maison nor. Comment va papa ?

- Bien ! bien ! T'inquiète mais demain il aura une autre opération !

- Ahka si la première c'est bien passée alors la seconde aussi se passera bien…on peut déjà le voir ?

- Non pas encore !

- Okay ! okay !

Nous étions tellement confiantes.

- Il est presque 20 h. Il faut que vous mangiez ! déclara Nathan

- Moi j'avais mangé avant de venir, répondit Raya.

- Okay, il y'a un restaurant à côté maman on vous prend quelque chose à manger ? proposa Nathan

- Non mon fils, ça va aller, répliqua ma mère.

- Ok !

Je me levai et je m'en allai avec lui.

- Tu veux manger quoi ? me demanda-t-il.

- Qui paye ? m'enquis-je.

- Le voisin ! On te demande ce que tu manges et toi tu veux connaître qui paye ? Les esprits du village !

- Tsuip, je veux le poulet pané[8] avec un sacré piment à côté.

- Non tu vas manger le pilé.

- Pour faire rire qui ?

Nous arrivâmes au restau nous nous s'installâmes et nous passâmes les commandes. En attendant qu'elles arrivent nous bavardions. Je lançais alors :

- Mine de rien tu es un bon ami hein !

- Ouais je sais.

- Tsuip !

- Pourquoi tu dis ça !

- Non ! Non ! Pour rien. Comprends juste ça et ne pose pas de questions.

- Tu vas payer ton plat toi-même !

- Ekie ! Parce que je refuse de te dire ?

- Tu ne parles pas ?

-Chantage ? Yess

---

[8] Un repas camerounais

Mais je ne pouvais pas lui dire ça ! Nathan est un peu comme moi sur ce plan. On ne le complimente pas sinon il va un peu trop se prendre la tête.

Je restai silencieuse pour lui faire comprendre que je n'allais pas parler !

- Tu ne parles pas hein ? Okay. En passant depuis je n'ai vu aucune de tes copines. Elles sont où ?

- Nancy ne pouvait pas être là car il y a sa grande sœur qui vient d'arriver au pays mais je pense qu'elle sera là demain. Pour Miriam vraiment je ne sais pas. Je lui ai laissé un message pour lui dire que papa était l'hôpital mais je n'ai pas encore de réponse.

- Okay. Mais sinon comparée à Nancy j'aime bien Miriam. Elle est très posée et je trouve un peu plus consciente que vous.

- Nous ?

- Oui Nancy et toi !

- En tout cas à chacun sa manière d'être !

-Madame ? Vos plats. Le serveur venait d'arriver avec nos commandes

- Enfin ! Je mourais déjà.

- Si ton mari n'a pas l'argent il va mourir.

- Ekieu comment ?

- Tu aimes trop la nourriture du dehors !

- Il n'a pas d'abord l'argent qu'il compte sur quoi ?

-En tout cas....

- Bon appétit monsieur.

- Merci.

Chacun se concentra sur son plat et mangea. Puis, mon téléphone sonna : c'était Aymard.

Toute souriante je décrochai.

- Hey !

- Ça va ? demanda-t-il.

- Oui et toi ?

- Un peu fatigué mais ça va. Ta journée a été?

- Je l'ai passée à l'hôpital tu peux imaginer!

- À l'hôpital? Qui est malade ?

- Mon père !

Je lui expliquai un peu la situation. Il me propose de venir mais je refuse à cause de ma mère.

-Mais si tu veux demain tu peux passer à la maison en matinée. Comme ça, tu m'accompagneras une fois à l'hô-pital.

- Okay ! Sans soucis.

- Cool ! Bon je suis en train de manger on s'écrit, s'il te plaît.

- Okay on bisou !

- Bisou

Je déposai mon téléphone et je continuai à déguster et à savourer mon plat. Nous achevâmes le repas et nous nous rendîmes de nouveau à l'hôpital. Je m'adressai donc à ma petite sœur :

- Raya, on doit rentrer. Demain tu as cours.

- Ok. Puis je me tournais vers maman :

- Nathan va nous accompagner et il reviendra avec quelques petites affaires vu que tu dormiras ici.

- Okay ! Okay !

- Bon à plus !

- Bye !

Nous nous mîmes en route avec Nathan. On avait mis la musique durant tout le trajet, *Jireh, my provider*, une chanson tellement apaisante..

À la maison, je fis le sac de maman et je le remis à Nathan. J'apprêtai également des crêpes que je mis dans une gamelle pour elle. Il me demanda alors :

- C'est bon ? Je peux y aller ?

- Oui, je pense que c'est tout.

- Okay. On s'écrit.

Avant qu'il ne sorte, Raya s'écria :

- Bye ! Bye ! Nathou.

- Bye chérie coco.

Il s'en alla. Je fermai les portes et nous montâmes me coucher Raya et moi. Elle s'endormit mais comme je n'avais pas sommeil j'appelai Aymard. Nous passâmes plus de deux heures au téléphone. Plus nous parlions, plus j'apprenais des choses sur lui. Le plus marrant était que nous fréquentions la même église mais curieusement, nous ne nous étions jamais croisés. Les choses de l'église ci même hein ! Sinon j'aimais trop parler avec lui.

Les appels de nuits ? Hum ! Tout part toujours de la question « tu ne dors pas ? ».

Je finis avec lui et je mis un film sur l'ordinateur. Comme d'habitude, je finis par m'endormir devant la machine.

C'est le message de Miriam qui me réveille le matin suivant :

- Hey ma coucou, comment tu vas ? Désolée pour hier j'ai vu ton message un peu tard. Je passerai tout à l'heure à l'hôpital.

Son message m'a un peu choqué. Pour une amie c'est pas mal là-bas ! J'avais juste répondu « okay ».

Je traînai avant de me lever du lit car il n'y avait presque rien à faire à la maison à part nettoyer le sol. Je regardai des Tik Tok. Aymard lui, allait passer à 9 h pour m'accompagner à l'hôpital aux environs de 11 h. Du coup je descendis nettoyer mon sol vers 8 h.

Subitement on sonna et je parti ouvrir. C'était Nancy.

- Tsuip on ne vient pas chez les gens sans prévenir madame !

- C'est la maison du voisin ?

- Tu sors d'où si tôt?

- Maison nor ? Je veux même d'abord une babouche. La paire de tennis ci me serre.

- On t'a forcée de porter ça ?

- La paix est bien!

Elle monta dans la chambre, prit une babouche et redescendit. Elle me demanda par la suite :

- On part à l'hôpital à quelle heure?

- 11 h hein ! On ira avec Aymard.

- Ton doudou ? Oukouuu !

- Tsuip. Il sera même là d'ici peu !

- Vous aviez rendez-vous? Donc je gâte seulement ?

- Ahka ce n'est pas un rendez-vous !

- Ou je prie seulement mal oh ? Je veux aussi le véritable homme de ma vie nor ?

- Marc est où ?

- Non ce n'est pas lui !

- Et lui il est qui ?

- Mon gars !

Pas sérieuse cette fille, ish !

Quelques instants après, Aymard arriva. C'était plutôt cool. Nous bavardâmes et nous fîmes des Tik Tok. Puis nous nous mîmes en route pour l'hôpital.

- On opère papa à quelle heure ? interrogea Nancy de ce fait.

- 14 h, répondis-je.

- Okay !

Nous fîmes le trajet paisiblement vers l'hôpital.
A l'hôpital
Aymard déclara :
- Bon, je vous laisse les filles.

Mais Nancy s'inquiéta :

- Tu n'entres pas avec nous ?

Mais je répliquai rapidement :

- Pour que ma mère me pose toutes les questions du monde et par la suite bavarder ? Nooon !

- Lol. Okay, okay! À plus Aymard.

- Okay bisou !

Je lui donnai un baiser puis j'entrai avec Nancy.

- Bonjour mum ! lançai-je avant mon amie.

- Bonjour maa !

- Ça va, les filles ? repartit maman, et nous répondîmes en chœur :

- Oui oui !

Maman était toujours dans un état de prière mais très confiante. Nous nous assîmes Nancy et moi, et nous commençâmes à parler.

- Tu sais qu'Aymard fait la même église que moi ? lui soufflai-je.

- Je sais que qui m'a dit ? rétorqua-t-elle.

- Tsuip ! Je te dis alors.

- Sinon, c'est peut être un signe hein…

- Hein ?

- Peut-être que Dieu te dit comme ça que ton mari sortira de là hein !

- Ah ! Qui sais ?

- En tout cas, nous sommes là nor. On verra bien.

Je vis maman se lever et se diriger vers un docteur, ils parlèrent pendant près de 30 minutes et elle revint s'asseoir. Sa mine avait légèrement changé. Je l'interrogeai immédiatement :

- C'est un nouveau médecin ?

- C'est celui qui s'occupera de ton père aujourd'hui.

- Okay !

A peine parlions-nous encore que je vis comment on passait avec papa pour l'emmener en salle d'opération

- Il a dit que l'opération c'est à 14h nor ? demandai-je. Mais il n'est que 13h.

- On doit le préparer avant, répliqua sa mère.

La voix de ma mère tremblait même si elle faisait tout pour le cacher.

Je fis un message à Nancy même comme elle était assise près de moi.

- Je commence à avoir peur.

Elle lut le message et secoua la tête en me regardant du genre « ce n'est pas le moment d'avoir peur ».

Je fis un message à Nathan pour lui dire que papa venait d'entrer au bloc.

Nathan me rassura alors comme toujours :

- Okay ! Dès que je me libère, j'arrive.

- Okay !

Je mis mes écouteurs et je commençai à suivre "El Shadaï" de Gaël.

Mais c'était amusant et triste à la fois : le comportement de nous les "chrétiens". Généralement, quand tout va bien c'est à peine si nous posons les genoux au sol pour remercier Dieu, mais quand les choses ne se passent pas comme nous le voulons nous nous versons devant Dieu jusqu'à pleurer ! Hum de qui nous moquons-nous ?

Je dis donc à Nancy: il est 14h.

- Je sais, j'ai aussi une montre, répondit-elle. Je sais que le stress veut ta mort mais reste calme et confiante.

Comme hier, maman demanda que nous fassions une prière pour remettre l'opération de papa à Dieu, mais cette fois-ci je tenais à être celle qui allait élever la voix.

- Nous prions, dis-je.

Elles se mit en position.

- Que pouvons-nous te dire si ce n'est merci Seigneur, merci pour la vie de papa, merci pour l'opération d'hier qui s'est bien déroulée, (...).

A la fin de la prière, nous achevons par un retentissant « Amen ! ».

Maman s'est levée après la prière et a commencé à faire les cents pas en chantant des louanges, et moi j'étais assise avec Nancy avec qui nous échangions :

- Miriam m'a dit qu'elle devait être là. Depuis là ?

- Peut-être elle n'a pas encore fini ce qu'elle avait à faire.

- En tout cas ... comment va ton couple avec Marc ?

- Bien, bien.

- Il faut que l'Eternel touche ton cœur comme ça tu vas te concentrer sur un garçon. Pas les choses des ebambas que tu fais là !

- Vraiment ! Il doit toucher mon cœur.

Pendant que nous discutions, Miriam et Nathan arrivèrent.

- Vous sortez d'où ensemble ? m'enqui-je.

- Tu crois quoi ? répliqua Miriam.

- On ne connaît pas le caillou qui tue l'oiseau, lança Nancy.

- Quand vous aurez fini d'imaginer ce que vous imaginez là, faites-moi signe ; déclara Nathan en s'asseyant.

- Vous ça va ? interrogea alors Miriam.

- Oui oui ! Nancy et moi nous lui répondîmes ensemble. Et je continuai par la suite :

- Papa est au bloc en ce moment.

- Oui, j'ai vu ton message, poursuivit-elle.

- Okay !

Nancy s'adressa ensuite à Miriam : tu es où depuis ?

- Je suis là nor. Juste que j'étais un peu prise ces temps-ci, répliqua-t-elle.

- Par quoi ?

- Longue histoire !

- Okay ! En tout cas tu nous raconteras cette longue histoire.

- Bon moi, j'avais sommeil. Je vais un peu essayer de dormir.

Elle se coucha sur une longue chaise qui était juste à côté de nous. Je tournai le regard vers maman. Elle faisait toujours les cents pas mais était très confiante. Elle ne cessait de répéter : « Je sers un Dieu vivant ! ».

Je partis m'assoir à côté de Nathan pour le déranger.

- oooh !

- Tu appelles qui comme ça ?

- Ton voisin !

- Tu sais même que je ne suis pas ton égal ?

- Et ?

Je tirai son téléphone de sa main et commençai à faire les snaps.

- Va faire ça loin !

- Non, tu vas sortir sur ça !

Je ne sais pas s'il y avait une personne qui détestait les photos et tout ce qui va avec comme Nathan !

- Je vais reprendre mon téléphone.

Je ne le gérais pas. J'étais concentrée sur mes snaps ou plutôt je faisais semblant d'être concentrée pour l'ignorer et le prendre en photo sans qu'il ne s'en rende compte.

- Tu vas passer par où pour le prendre ? lançai-je.

- Qui t'a même d'abord donné mon mot de passe ? Il faut que je le change.

- Toi même ! Tu ne t'en souviens pas ?

- J'avais sûrement saoulé ce jour.

- Non !

Je finis avec les snaps et j'entrai dans whatsApp. Je choisis une des vidéos que je venais de prendre et j'écrivis en bas "la star" puis j'envoyai.

Quand Nathan vit ça il voulut mourir.

- Je vais te battre !

- Pourquoi ?

- Tu demandes à qui ? Tu prends mon téléphone et tu te mets en statut ?

- Et tu te fâches ? Ou bien il y a une fille que tu dragues parmi tes contacts et tu ne veux pas qu'elle voie…

- Oui, il y a une fille.

- Tu mens ! Et même si c'est le cas, je m'en fous. D'abord, elle doit savoir que je suis ta meilleure amie et si elle veut trop se fâcher tu me passes son numéro.

- Pour quoi faire ?

- Je vais lui dire deux mots ! On n'aime pas les filles jalouses chez nous !

- Chez vous ? Tu es bête nor.

- C'est pour cela que tu aimes rester avec moi

- Tsuip !

- Tsuip aussi !

- Tu aimes trop jouer, ishhh !

- Tu ne meurs pas ?

J'aimais trop ça. Nathan n'était pas du genre à trop bavarder. Du coup, quand on le poussait à bout, ça l'énervait et moi ça me faisait rire.

- Va t'asseoir où tu étais.

- C'est ton hôpital ? Opeutah !

- Tu m'énerves norrr… Ahka !

- Je sais !

- Tsuip !

Il pouvait mourir quand je faisais ça ! Warrr…

- En passant, tu étais où avec Miriam nor boss ? déclarai-je.

- Où comment?

- Vous êtes arrivés ensemble nor ?

- Oui, et ?

- Je demande seulement nor, ekieeee !

- Tsuip ! On s'est tamponnés là dehors. Elle était avec ton ex et m'a demandé de l'attendre pour qu'on entre ensemble.

- Mon ex, papa ?

- Oui ton ex, mama !

- Qui ça, Jordan ?

- Non, Salam.

- Tsuip ! Elle faisait quoi avec lui ?

- Askip ! Ils se sont croisés quand elle venait à l'hôpital.

- Okay ooooh

Je remarquai alors :

- Massa ! Depuis là il n'est que 16h !

Miriam répliqua immédiatement :

- Tu ne connais pas le mot patience ?

- Mouff !

Ce n'était pas facile hein les amis. Attendre ainsi avec l'impression qu'on ralentissait le temps. Je suivis à ce moment : « bonsoir ». Je levai ma tête pour voir qui c'était. C'était ma tante de Bafoussam.

- Hey tata Melvine, bonsoir !

Nous nous fîmes un câlin et elle me demanda :

- Comment tu vas ?

- Ça va, et toi même tata ?

- Hyper bien ! Bonsoir les enfants ! lança-t-elle en direction de Nathan et Miriam qui répondirent ensemble :

- Bonsoir !

- Ta mère est où ? s'enquit-elle auprès de moi.

- Je ne sais pas hein. Elle fait les cents pas depuis. Elle doit sûrement être dehors.

-: Okay ! Je vais la voir, déclara-t-elle.

- Okay !

Elle y alla à la recherche de ma mère et Miriam m'interpella :

- C'est ta tante ?

- Oui ! Celle chez qui j'étais à Bafoussam.

- Okay ! Elle est belle hein !

- Son chaud prend bien soin d'elle nor !

- En vrai hein.

- Mais gars, il y a des femmes qui se gaspillent seulement ici.

- Ekieu ! Se gaspiller comment ?

- Tu ne peux pas sortir avec un homme qui ne t'entretient pas.

- A chacun ses problèmes ici dehors.

- Vraiment ! Moi je ne peux pas sortir avec un gars qui ne m'entretiens pas.

Avec cette compagnie, je ne voyais pas le temps passer et je ne stressais pas.

Le nouveau médecin qui s'occupait de papa sortit et chercha maman. J'allais rapidement la chercher.

- Oui doc, vous avez fini ? interrogea-t-elle.

Médecin : Oui ! La première étape de cette opération a été un succès et là nous allons entamer la deuxième. Comparée à la première, ça va vite passer, d'autant plus que la première étape s'est bien passée.

- Gloire à Dieu !

- Ça veut dire qu'il va s'en tirer. Merci Seigneur !

Il me regarda, sourit et s'en alla.

Une joie immense m'envahit.

Je partis voir les autres souriantes. Nancy s'était déjà réveillée.

- Pourquoi tu souris comme ça ? demanda Nathan.

- La première étape de l'opération vient de finir et le docteur dit que ça a été une réussite.

- Waouh ! lancèrent-ils.

- Je suis tellement fière ! continuai-je.

- Tu devais être fâchée ? demanda Nancy.

- Question ! appuya Miriam.

- Tsuip ! N'est-ce pas tu as fréquenté l'école ? répliquai-je.

- Je suis ton égale, madame ? repartit Nancy.

- Tu es mon égale, chouane ! rétorquai-je.

- Si vous ne bagarrez pas c'est que vous n'avez rien fait ! plaisanta Nathan.

- Je bagarre avec Eva ? Toi-même c'est pour faire rire qui ? Je la tape bien ! répliqua Nancy.

- Je ne fais pas ce genre de chose ! La bagarre c'est pour les barbares ! fut ma réponse.

- Et tu es quoi ? déclara Miriam.

- Plus civilisée que moi meurt, me vantai-je.

- Ahh je m'étouffe... lança Nancy.

- Quelle ironie ! Tout le monde peut être civilisé madame sauf toi. Tu es trop bête et immature pour ça.

- Je discute même quoi avec toi ? D'abord ton premier enfant sera net comme moi et portera mon nom, affirma Nancy.

- Pour être bokdé comme toi ? Je bloque au nom de JESUS, répondis-je.

- Tu n'as encore rien vu ! se moqua-t-elle.

- Mon enfant sort comme toi, je jette ! répliquai-je.

- Non baby, on envoie à l'orphelinat, proposa Miriam.

- J'avais toujours su que vous me détestez mais je ne savais pas que c'était jusqu'à ce point. Nathan est le seul qui m'aime ici, déclara Nancy.

Nathan lui jeta un regard du genre : « c'est vrai ça ? Okay si tu le dis ! ».

Eeeh Seigneur merci, merci pour ce genre d'amis, des amis qui m'assistent, qui sont là pour moi, qui savent me faire rire quand il le faut.

Sérieusement, il est bon de connaitre qui sont ses vrais amis ; car on ne sait pas qui est qui, qui est là pour quoi, qui est là pour qui.

En 2023, l'heure n'est plus à avoir beaucoup d'amis mais avoir des sœurs et frères pas de sang mais de cœurs. Les amitiés inutiles doivent vraiment être évitées :

• les amitiés de la boisson ou après voir bien bu, tu n'as plus 200f pour acheter le tapioca le lendemain.

• Les amitiés du kongossa, vous comprenez ce que je veux dire par là ? Ces amis avec lesquels vous concassez le nom d'une personne, après ils partent te verser dehors en cachant ce qu'eux-mêmes disent. Les amitiés hypocrites aussi. Sincèrement, lorsque tu sais qu'une personne qui dit être ton ami est hypocrite, commence à le classer parce que vous n'irez nulle part.

Dans la vie, on n'a pas 8 ou 10 amis. Au contraire, de nos jours, les vrais amis sont très rares. De nos jours, on a 1,2 parfois 3 personnes qu'on peut véritablement appeler amis.

Nous continuâmes à échanger et Nancy s'inquiéta :

- Massah depuis que ta mère marche ? Elle n'est pas fatiguée ?

- Tu veux que je te dise quoi ? répondis-je.

- C'est son mari qui est au bloc hein pas son voisin. C'est normal qu'elle stresse, répliqua Nathan.

- C'est vrai, appuya Miriam.

- Il est déjà 18h. L'opération est presque terminée, déclarai-je.

- Attendons, nous exhorta Nathan.

Nous restâmes là silencieux pendant près de 30 minutes.

Quelques temps après, Nancy remarqua :

- Voilà le docteur, il est sorti.

Maman et moi avancions vers lui et tata Melvine nous suivait.

- Alors doc, c'est comment ? s'enquit ma mère.

Il nous demanda de le suivre dans son bureau. Ce que nous fîmes avec empressement.

- Doc ça a été ? Comment il va ? demanda ma mère avec insistance.

- Comme je suis sorti vous le dire tout à l'heure la première étape a été d'un succès incroyable. La deuxième, quant à elle, n'était pas comme la précédente.

Ma mère ne parlait plus. Elle était restée très attentive. Tout comme moi, ce qu'elle voulait c'était entendre que son mari, mon père, allait bien.

- Nous avons fait du mieux que nous pouvions. Lui également, de son côté, s'est battu mais son cœur a lâché lors de l'opération. Je suis vraiment désolée madame, conclut le médecin.

Ma mère s'était assise au sol. Aucune larme, aucun cri ne fusèrent. Elle était restée regarder le docteur. Moi, je ne pouvais m'empêcher de pleurer. Mes jambes n'arrivaient plus à tenir mon corps. Je ne croyais pas en ce que le docteur venait de dire.

- Doc, mon père est où ? lui demandai-je.

Il me regarda et ne me dit rien.

- Doc pardon, dis-moi où est mon père. Je veux lui dire que j'ai réussi à mon concours. Ça va le motiver à se battre et il va sortir vainqueur de cette opération.

Tata Melvine est venue m'arrêter pour me faire asseoir, en pleurant elle-même, en me disant :

- Eva, calme-toi.

- Je veux voir mon père tata. Il doit savoir que j'avais eu mon concours. Je sais qu'après ça, comme il va guérir, il va nous faire sortir pour fêter ça.

Je regardai ma mère au sol et je vis une larme s'échapper de ses yeux. C'est là que je compris que mon père n'était plus là.

- Doc pardon, mon père est où ? Je sais qu'il n'est pas mort, je veux le voir ! Doc quand je serai à côté de lui, il va se réveiller. Je veux voir mon père.

- Sois forte ma fille, m'encouragea-t-il.

- Doc tu es fort ! Tu m'as dit que mon mari allait bien nor ? Tu m'as trompé doc ! Tu m'as trompé ! s'écriait ma mère.

Je regardais ma mère en larmes, je ne pouvais pas supporter. Alors, je suis sortie rejoindre les autres. Dès qu'ils m'ont vue, ils ont de suite compris.

Nathan vint m'arrêter pour me faire asseoir.

- Nathan, voilà le concours que j'ai réussi, il est où pour me féliciter ? Il part que j'ai quel âge ? Raya à quel âge ? déclarai-je.

Je ne sais pas s'il y a une douleur qui fait plus mal que la perte d'un être cher. Malheureusement, comme on le dit : c'est le chemin de tout le monde. Mais ce qu'on doit retenir c'est où irons-nous après ça ?

Nancy et les autres essayaient de me calmer quand maman est sorti à son tour avec des cris. Nous tous avons commencé à pleurer.

- Eva, ton père part où ? Dis-moi, il part où ? On va faire comment ? On va commencer par où ? Voilà Raya qui est à l'école. Elle ne sait pas qu'elle est maintenant orpheline oooh… Seigneur pourquoi ?

Douleur n'est pas le mot que je peux utiliser pour exprimer mon ressenti. Jusqu'à ce moment, je n'avais toujours pas véritablement accepté que papa n'était plus.

- Je vais commencer par où pour dire à ta petite sœur que son père est mort ? Je vais dire quoi à l'enfant là ? Mon mari oooh ! Voici ta fille Eva qui a eu le concours. Tu es où pour la féliciter ? Tu es où ? Tu es où ? se lamentai ma mère.

Je me dirigeai vers elle pour aider tata Melvine à la calmer même si nous-mêmes nous étions en pleurs.

Voyant la situation, Nathan vint voir ma mère et commença à lui parler.

Vous savez pour ma mère, Nathan est le fils qu'elle n'a pas eu et elle l'écoute beaucoup. Je pense que, chaque mère à cet enfant qu'elle aime tant, bien qu'il ne soit pas sorti de son ventre.

Il parla à maman et réussit à la calmer.

Une infirmière vint l'appeler pour qu'elle aille décharger, c'est-à-dire signer des documents.

Moi, pendant ce temps, j'allai avec mes amies ranger les choses qu'avait utilisées maman la nuit précédente vu, qu'elle avait dormi à l'hôpital.

- Les filles, je n'arrive pas à croire qu'il est parti ; déclarai-je.

- Nous non plus, mais nous ne pouvons qu'être fortes ; répondit Nancy.

- Donc si on demande à me marier j'irai à l'hôtel seul ? Les gens partent avec leurs pères moi je n'en ai plus !

- Tu as mal et c'est normal mais on ne peut que faire avec. Dis-toi que papa avait déjà assez souffert et il fallait qu'il se repose, m'exhorta Miriam.

- Les filles c'est dur, vraiment ; confiai-je.

Elles me caressèrent le dos pour me calmer.

- Eh Seigneur pourquoi ? Pourquoi c'est à nous que Tu fais ça ? Pourquoi mon père ? Pourquoi nous ? Ma mère est veuve à quel âge ? Raya et moi ? Console-nous.

Nous finîmes d'arranger les bagages et nous repartîmes à la salle attendre que maman ait achevé.

Elle arriva et nous rentrâmes. Personne ne parlait en route. C'était le silence total ; on pouvait suivre le noir parler ! Nancy, Miriam et Nathan étaient toujours avec nous. Après quelques minutes nous parvînmes enfin à destination. À peine maman vit la maison qu'elle recommença à pleurer.

Ayant écouté les pleurs, Raya est sortie pour voir ce qui se passait et se rendit compte que c'était maman. Elle comprit tout directement et commença elle aussi à pleurer.

Nous entrâmes et nous nous installâmes, toujours dans un silence.

Aux environs de 22h, Nancy Miriam et Nathan rentrèrent (....).

Chapitre IV

« *Personne ne doit te mépriser parce que tu es jeune.
Mais toi, montre l'exemple aux croyants, par tes paroles, ta
vie, ton amour, ta foi, ta pureté.* » 1 Timothée 4:12

La période de deuil se passa avec le soutien de nos amis.

Trois mois déjà que papa n'était plus. Comparé au début on s'y habituait déjà.

Entre-temps avec Aymard les choses avançaient très bien. Nous nous sommes officiellement mis en couple un mois après le décès de papa et les anciennes habitudes ont repris.

Nous étions samedi aujourd'hui et mon baby Aymard voulait que j'aille chez lui pour que nous passions la journée ensemble. Mais pour cela, je devais trouver un mensonge pour maman vu que le week-end, elle était à la maison.

Nous échangeâmes avec Aymard qui demanda :

- Baby tu viens à quelle heure

- Je ne sais pas encore. Bon disons 10h. Le temps pour moi de trouver une excuse et de venir.

- Okay baby ! Je t'attends.

Je me levai et je descendis faire mes tâches ménagères. Pour paraître vraie dans mon mensonge, je courus à la douche, je me lavai, je m'apprêtai puis je redescendis.

- Maman j'arrive. Il y'a une réunion de ceux-là qui ont réussi au concours à l'ISJ, et on vient de me le dire ; informai-je.

- Moi-même, je vais sortir. Qui fera la cuisine ? Orrr !

- Si la réunion-là n'était pas importante, je serai restée ou bien même après je pouvais rentrer préparer. Mais, c'est impossible puisqu'apparemment, après il y avait des documents à remplir et tout ça. Je sens que je vais rentrer tard. Bon, si je traîne encore, je serai vraiment en retard.

- Okay ! répondit-elle à contre cœur.

Je courus et je sortis de la maison. Je pris mon taxi en direction « chez baby ».

Après quelques moments de route j'arrivai chez lui et j'entrai.

- Hey baby ! l'interpelai-je.

- Viens là ! fut sa réponse ; pendant qu'il me tirait vers lui en me donnant des baisers partout

- Attends que je m'installe même, monsieur.

- Ahka ! Tu le feras après.

- Non ! Non ! Non ! fis-je en le repoussant.

- Okay installe-toi alors, comme tu es déjà la télé ou le meuble-là.

- N'est-ce pas ?

- oui oui !

- Si tu connais le mensonge que j'avais sorti à ma mère pour venir ici hein, hé anti ! Je suis sûr que Dieu lui-même là-bas a ri.

- Tu lui as dit quoi ?

- Que l'école où j'étudierai dans quelques mois avait une réunion et qu'après on devait remplir certains formulaires et que je rentrerai tard.

- Donc tu peux rester jusqu'à 21h alors ?

- Que c'est l'école de quoi ? Toi aussi !

- Tu rentres alors à quelle heure ?

- A 18h, maxi 19h.

- Okay b !

Vu que j'avais un habit un peu trop près du corps, j'avais pris une de ses culottes que j'avais portée, car je n'étais pas très à l'aise dans mon vêtement.

- Après tu laves ma culotte.

- Tu ne me tapes pas une fois ? Tsuip !

Question propreté, Aymard était vraiment au rendez-vous. J'aimais trop ça !

- Viens on fait des petits enfants, bébé !

- Je t'ai dit que je voulais être mère ?

- Bon moi, je veux être père.

- Okay, c'est bien !

Il m'arrêta par le bras et me tira vers lui. Comme il était sur le lit, je suis tombée sur lui. Juste ses caresses me montraient déjà qu'il était excité et voulait qu'on fasse l'amour. Bon, après tout, c'est mon mec. Donc j'acceptai.

- C'est le Nkan de trois jours boss ?

- D'une nuit. Arrête de parler et concentre-toi !

- Non.

Il m'embrassa pour éviter que je continue à parler mais comme je suis ce que je suis…

- Eh ah voilà ma mère là-bas qui est sûre que je suis encore vierge !

Il me lança un mauvais petit regard. J'avais directement arrêté de parler et puis Heuuu on se mit à l'aise...

- Je vais venir ici un jour avec 8 pantalons sur moi.

- Je vais seulement retirer. Baby ton corps nor …

Il le dit en me contemplant et en me caressant.

- Je sais, je sais ! Plus parfait que mon corps n'existe pas.

- Je confirme. À chaque fois que je te vois je veux seulement qu'on le fasse.

- Je vais commencer à mettre le kaba.

- Et ça va changer quoi ? Tu es bête hein !

- Bon, j'ai faim. Il y a quoi à manger ici ?

- Rien ! Si tu as trop faim nous partons acheter à manger ou bien tu cuisines.

- Je vais cuisiner.

Je me levai, direction la douche. Oui oui ! C'était toujours comme ça. Je finis donc et nous partîmes au petit marché qui se trouvait à côté de sa maison pour acheter le nécessaire...

Je laissais le chez nous pour venir faire la cuisine chez l'homme jusqu'à faire le marché. Yesss ! Si je tamponnais ma mère là-bas, j'allais dire quoi oh ! En tout cas... Je confirme que les filles sont trop fortes pour ça.

A notre retour je fis la cuisine. Bon, il me donnait un petit coup de main en apprêtant l'ail et les oignons à découper. Nous finîmes et nous mangeâmes, puis j'allais me coucher car j'avais trop mangé ; le sommeil finit par m'emporter.

A un moment, je sentis quelqu'un sur moi. Bon au départ, je me suis dit que c'était le rêve avant de prendre conscience que j'étais chez mon mec.

- Oh quitte sur moi !

- Non !

- Werrr l'enfant-ci

Il jouait au sourd. Même si j'étais encore un peu fatiguée, il réussissait déjà à me mettre dans le bain.

- L'enfant de l'église-ci même hein !

- Toi tu es enfant de quoi ?

- Tsuip !

Et c'était parti pour un deuxième round.

- Deux fois en une journée, j'aime !

- Je suis d'abord prêt !

- Il est quelle heure ?

- 18h passées

- Déjà ? Merde !

- Tu as dormi nor, c'est normal.

- C'est vrai, c'est vrai. Tu seras à l'église demain ?

- Oui je pense bien.

- Okay !

Nous bavardâmes encore quelques minutes puis je me lavai pour la deuxième fois et je m'habillai là maintenant, avec mes propres habits ; car il fallait que je songe déjà à rentrer.

- L'heure, s'il te plaît.

- 19h30.

- Je vais arriver à 20h. Il faut une histoire à raconter à ma mère.

- Il y a d'abord trop les embouteillages sur la route de Simbock.

- En vrai hein ? Sacrés enfants de Dieu ! Qui nous inspire même souvent pour ce genre de mensonge oh ?

- Dépêche-toi d'y aller !

Je finis et il m'accompagna jusqu'au taxi puis je rentrai. Mon cœur battait plus que fort à cause de ce que j'allais rentrer dire. J'écrivis à Raya pour prendre des nouvelles du lieu de crime

- Elle m'a déjà cherchée ?

- Non ! Elle a juste demandé où tu es depuis.

- Okay ! Je suis dans le taxi, j'arrive.

- Allez toujours chez le gars, après vous oubliez que vous vivez encore chez vos parents.

- L'Eternel est mon berger, je ne manquerai de rien.

- N'est-ce pas ? Okay boss !

Je gardai mon téléphone et je regardai le paysage de par les vitres de la voiture. Je commençai à repenser à tout à l'heure ... j'aimais trop ce mec.

A la maison

- Bonsoir maa !

- Tu sors d'où à 20h ?

- On a fini à 18h, mais les embouteillages Massah ! Toi-même tu connais la route de Simbock nor. Je voulais même prendre la moto mais je voyais alors ?

- Cette route ne changera donc jamais !?

- Ah ! on va faire comment ? Bon, je monte ! Je dois repasser mes habits pour le culte de demain

- Okay !

Vous voyez comment j'étais prête nor ! Applaudissez alors ! Je connaissais trop courir dans la tête de ma mère.

Je montai dans la chambre où je trouvai Raya.

- Oh madame !

- Tu as fini d'embrouiller ta mère ?

- On a les mêmes problèmes ?

- Le jour qu'on t'attrape je me moque d'abord bien de toi. Sinon tu es rentrée avec quoi ?

- Je n'ai pas eu le temps d'acheter un truc.

- Dis à ton gars chiche-là que s'il ne veut pas perdre son unique belle-sœur, il court un grand risque.

- MDR !

- Eva, j'avais une question.

- Parle !

- La première fois qu'on couche avec un homme ça fait comment ?

- Oukouuu tu veux déjà grandir, madame !

- Tsuip ! Réponds tu quittes.

- Dis-moi d'abord comment ça s'est passé jusqu'à tu veux déjà faire ? Ta mère sait même ça ?

- Savoir quoi ? Que ses filles grandissent ?

- Parce que c'est ça qui montre qu'on a grandi ?

- Tu as compris !

- Ahka !

Pour moi, c'était tellement normal que ma petite sœur cherche à expérimenter un nouveau truc, j'étais vraiment contente.

- Dis-moi alors !

- Prends un stylo et une feuille, assieds-toi et écoute la maîtresse Eva.

- Tu es bête nor !

- Bon, je te préviens, tu auras mal (...)

- Merde !

- C'est le prix à payer pour grandir, madame.

- Gars ! Je pars même d'abord dormir. Demain il y'a église.

- Yess ! Bonne nuit !

- Yo !

Elle me laissa et s'endormit. Quant à moi, je décidai d'appeler Nathan pour bavarder un peu.

- Allô

- Tu dors que tu m'as dit bonne nuit ?

- Je vais te battre un jour. Je venais à peine de m'endormir.

- Bisou !

- Tsuip ! Tu m'appelles pourquoi ?

- Je voulais parler avec quelqu'un, comme je m'ennuie.

- Je suis ta marionnette ? Appelle ton nouveau boy vous parlez nor.

- Non, il dort.

- Et c'est moi qui ne dois pas dormir ?

- Hihihihihi…

- Tu vas faire comment quand je serai marié ?

- Je vais toujours t'appeler, monsieur. Je t'ai déjà dit que ta femme doit comprendre que je suis ta meilleure amie.

- Et ?

- Je t'appelle quand je veux.

- Eh Zamba !

- Bon, attends je te fais le Soko.

- J'étais sûr qu'il devait avoir un truc comme ça.

- Il faut que je ressource un peu ta vie de nouveaux trucs. Sinon elle sera trop ennuyeuse.

- D'accord patron !

- Bon, regarde nor, Raya veut déjà grandir.

- Je ne comprends pas. Grandir comment ?

- Devenir une femme nor.

- Parle bien didon, c'est quoi avec les paraboles ?

- Bon aujourd'hui, quand je suis rentrée de chez Aymard, elle m'a demandé comment ça se passe quand on a des rapports pour la première fois ?

- Raya ?

- Oui oui ! Je me moque d'elle mais au fond, je suis contente.

- Et tu lui as dit quoi ?

- Je lui ai expliqué nor, et donner quelques conseils.

- Ce n'est pas possible !

Je sentais un énervement terrible mais je ne savais pas trop pourquoi.

- C'est quoi ? Il y a un problème ?

- je me rends compte que tu es irresponsable, Éva.

- Ekieu ! J'ai fait quoi ?

- Tu te rends compte que ton comportement a de l'impact sur ta petite sœur ? Et pas positif s'il te plaît !

- Ekieu ! J'ai fait quoi ?

- Elle est en train de vouloir faire exactement ce que tu fais et toi, au lieu de la conseiller de se concentrer d'abord sur son école, tu lui dis comment coucher avec un homme ?

Perso, jusque-là, je ne voyais pas où se posait le problème.

- Attends, le mal est où à avoir des rapports avec son petit ami ? Tu dramatises trop les choses !

- Apparemment on va encore revenir sur ça mais si c'est nécessaire, okay. Eva, tu as déjà vu son petit ami là ?

- Non !

- Si elle tombe enceinte, vous allez gérer comment ?

- Ça ne va pas arriver. Je lui ai donné les conseils pour éviter ça.

- Tu pars à tes 22ans et on ne compte pas le nombre de garçons avec qui tu as déjà eu à avoir des rapports. Or, chaque dimanche, tu suis cette phrase à l'église « ton corps est le temple de Saint Esprit ». Mais apparemment, ça ne te dis rien. Ta sœur veut coucher avec un homme que toi, sa propre grande sœur, tu n'as jamais vu.

- Tu dramatises !

- Tu le crois vraiment ? Tu crois vraiment qu'ils s'aiment ? Ils ont quel âge pour connaître ce qu'on appelle amour ? Te voilà, sa grande sœur de combien d'années déjà ? 4 ans, qui souffre ici avec les hommes. Et je dis encore tout ça vient de ce qu'elle voit chez toi : tes habitudes, de ce qu'elle entend, tes conversations

- Elle a une envie avec son petit copain et tu me blâmes parce que je l'ai conseillé ?

- Tu ne comprends rien Éva. J'ai l'impression de parler avec une fille de 15ans. Je ne sais pas si tu te rends compte du lien qui se tisse seulement dans les embrassades. Imagine celui des rapports. Toi seulement où tu es là, il te faut des séances de prière pour te délivrer.

- Sinon c'est une phrase hein ! dis-je en riant.

- Ça te fait rire peut-être mais moi, ça me ronge le cœur. Je vous assure, sa phrase-ci m'a créé un gros chagrin.

- Hum !

- Je suis sérieux Éva. Je te le dis encore, je ne peux pas voir celle que je dis être mon amie se perdre et je la regarde ! De surcroît, sa perdition entraîne celle d'autres personnes. Je ne sais pas si tu t'en rends compte. Cela revient à dire que si là maintenant tu meurs et tu arrives on te demande quelle a été ta dernière action, tu diras « encourager ma sœur à aller coucher avec un gars que je ne connais pas, avec qui elle n'a aucun lien de mariage et lui conseiller sur comment éviter les grossesses ». C'est ça ?

Les amis, je vous jure que j'avais eu vraiment mal en écoutant ses propos.

- Hum !

- Je ne vais pas parler de toi-même ce soir mais de ta sœur. Je peux te rassurer que si elle n'était pas au courant des bêtises que tu fais, elle devait être très concentrée et n'allait même pas penser à laisser un garçon s'approcher d'elle. Si elle commence à 17ans, laisse-moi te dire qu'à 25ans, elle n'aura plus aucune valeur et c'est pareil pour toi. Tu me diras que tu es chrétienne à ta manière mais cette manière te tue, te détruit voir te brise même ; un brisement de très mauvaise qualité.

Face à tout ce qu'il me disait le seul sentiment qui m'animait était la honte. Il continua :

- J'ai essayé de te conseiller sur ton nouveau gars mais l'attirance que tu prends pour de l'amour avait fermé tes yeux. Tu connais un gars, il y a à peine trois mois d'amitié vous êtes déjà en couple jusqu'à organiser des parties de jambes en l'air juste comme ça !

J'avais commencé à pleurer je ne savais vraiment pourquoi.

- Tu es mon amie et je suis ton ami. Mais sache que je suis un garçon Eva et pour moi, tu es une fille plus que facile.

- Je ne suis pas facile.

- Si, tu l'es et un peu trop même ! Pour moi, entre toi et ceux-là qui ne connaissent pas la parole il n'y a pas de différence. Certains parmi eux se comportent plus bien que toi. Je n'ai jamais été si dur avec toi mais certaines fois, il le faut bien.

Après le coup de fil, je ne pouvais m'empêcher de pleurer et pleurer encore. J'étais mal ! Ça fasait vraiment mal. Je dirai un peu trop même.

- Éva, tu as pensé à ton père quand tu fais tout ça ? Tu crois qu'il est fier de toi quand il te regarde depuis là-haut ? Tu penses que si on dit à ta mère qui est sa vraie fille elle réagira comment ? Moi je pense qu'elle aura honte : honte d'elle-même et honte de toi.

- ...

- Je suis désolé baby mais il faut que je sois ainsi pour que tu comprennes l'ampleur de certaines choses. Sinon, il y a quand même un truc qui me fait rire.

- Quoi ? demandai-je d'une voix tremblante.

- C'est que, c'est nous qui allons à l'église, nous qui devons avoir un bon témoignage qui faisons ça. Nous sortons entre nous à l'église après nous viendrons nous asseoir dimanche avec un cahier de notes pour relever ce que nous retenons des prédications ... Yesss ! Nous sommes forts !

- Le monde se modernise.

- Et c'est à l'église que la modernisation-là se passe nor ?

- Ah !

- Evy ! Arrête cette vie s'il te plaît, pardon seulement !

- J'ai compris.

- Une dernière chose, sache qu'il y a les maladies dehors. Sache que le monde est mauvais. Tu vas coucher avec un boy comme ça disant qu'il t'aime, même s'il est à l'église, pourtant il cherche autre chose sur toi.

- J'ai compris.

On a encore parlé quelques minutes et après il est allé se coucher. Moi par contre, je n'avais pas sommeil. Avec tout ce qu'il venait de me dire, je ne pouvais pas dormir si facilement. Bien que j'étais encore en pleurs, j'étais quand même heureuse d'avoir Nathan pour ami.

Ps: Ma prière encore en ce nouveau mois est que vous puissiez connaître qui sont véritablement vos amis et quand je dis amis je parle des vrais ! Pas des : « bro position, I beg prêtes-moi 500 (chaque jour), je dois foum (coucher) avec la fille-ci ».

Vous de votre côté, priez pour connaître qui est le véritable ami, parce que si on veut faire le tri de nous-mêmes on ne va jeter personne parce qu'on ne veut pas rater la position du « fandage de bois (la bière) » encore moins jeter le bro qui nous donne le chat chaque jour pour qu'on fouette ou celle-là avec qui on concasse les noms des autres.

Je suis restée sur mon lit couché encore près de deux heures à regarder mon plafond avant de m'endormir.

Le lendemain, nous échangions avec Raya et ma mère qui me réveilla en ces termes :

- Oh madame ! Vous oubliez où vous devez aller aujourd'hui ?

- Hummmmm !

Gars il n y a pas plus énervant que quand on te réveille.

- Moi j'ai fait ce que j'avais à faire hier soir. Il ne reste que les travaux d'Éva, intervint Raya.

- Tsuip ! fis-je.

- A qui ? répliqua ma mère.

- Désolée, je m'adressais à Raya ; m'excusai-je.

- Mieux ! Vous avez dix minutes pour descendre et vous mettre au travail ! reprit ma mère.

- Mais je n'ai plus rien à faire, dit Raya.

- Tu aides donc ta sœur, conclut maman.

- Merde !

- Il y a même quoi à faire ? demandai-je.

- Les assiettes de 4 jours que tu ne veux pas laver, me répondit Raya.

- Depuis quand je lave les assiettes ici ?

- Demande à ta mère. C'est elle qui a décidé.

- Vous ne pouviez pas me dire ça hier ?

- Tu étais là ? N'est-ce pas tu avais réunion à l'école ?

- Tsuip ! Tu ne pouvais pas m'aider ?

- N'est-ce pas nor ?

Nous descendîmes travailler. Il y avait les assiettes, le sol et rideaux à laver. Au bout de deux heures, nous achevâmes et nous montâmes nous apprêter pour l'église.

9 heures !

Nous étions en route pour l'église.

Vous avez quoi de prévu après le culte ? s'enquit sa mère.

- Moi perso, rien. Bon, c'est vrai que comme d'habitude j'irai courir en soirée avec les filles, répondis-je.

- Moi je serai couchée toute la journée et toute la soirée. C'est quoi ? Tu veux amener tes bébés en balade ? interrogea Raya.

- Non il y a l'anniversaire de votre cousine du côté de votre père et ce matin, sa maman m'a écrit pour demander si vous pouvez venir ; répliqua ma mère.

Raya et moi nous nous sommes regardées en mode « qui nous a envoyé dire qu'on n'avait rien de prévu ? ».

Je ne sais pas si vous êtes comme moi mais, je déteste les anniversaires de la famille. Tu n'es pas épanouie et de surcroît c'est bête et bizarre.

Raya demanda donc à maman :

- Et tu lui as dit oui ?

- C'est quelle question ça ? J'allais dire non ? rétorqua maman.

- Okay oh ! déclarai-je pour calmer le jeu.

Garrrs… je voulais seulement pleurer.

- Notre cousine-là a quel âge ? demanda Raya.

- 3 ans, répondit maman.

- Hein ? On part à l'anniversaire de l'enfant de trois ans ? Pour y faire quoi ? fut ma question dans l'indignation.

- Souffler les bougies, répliqua ma mère.

- C'est l'enfant qui souffle ou c'est nous ? interrogea encore Raya.

- Je wanda ! dis-je.

- Je ne sais pas de quoi vous bavardez là. Ce qui est sûr est que même si c'est l'anniversaire de l'enfant de 5 mois vous irez ! tempêta ma mère.

Nous roulâmes encore 3 minutes avant d'arriver à destination.

Nous allâmes à la cérémonie et nous rentrions en voiture à la maison, quand Raya et moi nous conversions comme toujours.

- Dis, tu vas porter quoi pour l'anniversaire de ta cousine ? demanda ma petite sœur.

- I say hein, slack moi ! répondis-je.

- Si tu veux, on peut aller acheter une robe princesse pour toi hein, comme ça tu seras comme Barbie.

- Je vais te faire mal !

- Woooooyyyyooooooo ! Mieux moi hein, j'ai 17ans. On va voir une vieille mère de 22 ans à l'anniversaire comme la fée clochette.

- J'aurai la baguette magique en main.

- Toi-même, mater… Tu ne vois pas que tu as dérangé ? Deux grandes filles que nous sommes, on n'a pas droit au bonheur ? C'est quoi cette humiliation ? lança Raya.

- 3 ans ! Même pas 6 ans ! Et on ne connaît même pas la cousine-là, ajoutai-je.

- Finissez votre bavardage-là, vous mettez dans vos têtes que vous partez eh ! déclara ma mère.

- C'est même à quelle heure ? posai-je encore la question.

- 14h30, répondit ma mère.

- Anti ! C'est vraiment l'anniversaire de l'enfant hein… 14h30, même pas 15h ; se plaignit Raya que je soutins.

- Ses parents n'ont pas vu le soleil qu'il y a ? Merde !

- Imagine qu'on arrive, on nous donne les chapeaux de "happy birthday-là" ; ironisa ma petite sœur.

L'affaire-ci me faisait seulement rire les amis. A 14h30, avec le soleil des temps-ci ? Et je ne pouvais même pas créer une excuse, car j'avais dit que j'étais libre. Elle saurait que c'est la ruse pour fuir.

A peine arrivions-nous à la maison qu'elle nous demanda d'aller nous apprêter, car il ne faudrait pas que nous soyons en retard. Avec Raya, nous montâmes taper les commentaires sur l'anniversaire dans la chambre.

- Hello les amis ! Comment ça va ? On va chanter joyeux anniversaire à bébé piou piou ! s'amusa Raya appuyée par moi.

- Piou piou comment ? C'est l'oiseau ?

- Ahka ! Tu connais les bohboh avec les noms bizarres nor ?

- Tu abuses !

- Après on va dire : les amis, venez chanter joyeux anniversaire. Venez, classez-vous à côté de la table .... On tourne,
on voit deux vieilles filles aussi qui s'alignent.

- Je vais d'abord mettre le masque avant de partir là-bas,
poursuivis-je.

- On t'a dit que c'est le bal masqué ?

- Je veux faire pipi dis donc. Que piou ! piou ! On peut
être méchante comme ça ?

- Pardon allons nous apprêter avant que ta mère ne fasse
une crise cardiaque.

- Yes ! Va te laver !

- Alors que je me suis lavée le matin ? Tu flippes ?

- Ekieu ! Tu as transpiré nor ?

- Donc, j'entre dans la voiture, je pars à l'église. Je reviens en voiture toujours et je suis sale ! Yesss ! Si tu veux,
tu te laves mama ; ajouta encore ma petite sœur.

Ma sœur est trop un genre. Ayez un peu une comme ça
dans vos vies pardon !

Nous finîmes de nous apprêter et nous descendîmes.

- C'est bon ? demanda notre mère.

- Oui ! lui répondîmes-nous.

- Eva, prends la clé de la petite voiture pour que vous y
alliez ; ordonna ma mère.

- Okay !

Je pris les clés. Elle nous indiqua la maison et nous donna
le numéro de la tante au cas où. Puis nous y allâmes.

Le trajet se passa sans problème. Nous y arrivâmes. Oui
oui ! nous ne nous sommes pas perdus.

L'anniversaire se passa sans éclat et nous rentrâmes ma
petite sœur et moi.

- Raya, on y va.

- Okay !

Nous montâmes dans la voiture.

- S'il te plaît, on peut s'arrêter quelque part ? me demanda Raya.

- Pour ?

- Je veux voir mon junior.

- Junior ? C'est qui lui ?

- Mon mec nor.

Sur le coup, j'ai repensé aux propos de Nathan de la veille. Mais je ne pouvais pas lui refuser ça, car elle m'avait plusieurs fois aidée.

- Okay !

Nous nous mîmes en route. Bizarrement, la route que nous empruntions était la même que celle de mon ex Jordan, mais bon ....

- Je gare où ?

- Même là ! Il ne sait pas que je viens.

- La surprise ? Okay ! L'amour est mou.

- Tu m'accompagnes ? Comme ça tu le verras une fois.

- okay ! Pourquoi pas !

Nous descendîmes et c'était toujours la même route que celle de chez Jordan.

- Tu es sûre que c'est vers là ?

- Ekieu ! C'est mon gars nor !

A un moment, elle s'arrêta devant la porte de Jordan.

- C'est là !

- Tu blagues j'espère.

- Akha ! On n'a pas le temps pour ça.

Sans vous mentir, mon souhait était qu'il ne soit pas là et que je me trompe, que ma sœur ne sort pas avec mon ex sans le savoir.

- Toque et il vient ouvrir.

- Hello baby ! dis ma sœur en l'embrassant.

- Jordan ? m'exclamai-je, toute surprise.

Quand il m'a vue ? il a légèrement poussé Raya. J'étais traumatisée.

Chapitre V

Voici ce qu'on trouve dans le monde : les mauvais désirs que chacun porte en soi, l'envie de posséder ce qu'on voit, et l'orgueil qui vient de la richesse. Eh bien, tout cela ne vient pas du Père, mais du monde. 1 Jean 2:16

- Sérieux là ? Junior tu te fous de moi ou bien ?

- Ekieu ! J'ai fait quoi ? Bref ! Bébé, je te présente ma sœur Eva. Eva je te présente mon mec, Junior.

Apparemment, ma sœur ne savait pas ce qui se passait. D'une part, je ne lui en veux pas, car je ne lui avais jamais présenté Jordan en tant que mon gars physiquement. Elle l'avait plusieurs fois vu avec moi mais à l'église. Du coup, elle a sûrement dû croire que nous étions amis. Mais Jordan, lui, savait très bien qui était Raya ! Et aller jusqu'à donner un autre nom ? Yess !

Pour ne pas blesser Raya sur le champ, je me prêtai au jeu. Jordan ne faisait que me regarder avec la peur que je dise à Raya qui il était. Quand je pense que c'est à lui que ma sœur voulait se donner ! Vraiment, ça ne vaut pas la peine !

- Junior bonjour ! dis-je.

Je lui tendis la main mais il mit du temps à le faire aussi.

Je vous jure les amis, j'avais les larmes aux yeux. Ma petite sœur était amoureuse de mon ex, un ex qui m'avait barrée.

- Raya, tu sais qu'on n'a pas assez de temps nor. Donc dépêches-toi ! déclarai-je en essayant de me contenir.

- Tu n'entre pas ?

- Non ! Non ! Je vais t'attendre dans la voiture. Je dois vous laisser entre amoureux.

Je vous assure c'était un sourire hypocrite. Un peu trop même.

- Okay !

Elle tira Jordan et ils entrèrent. Ça se voyait qu'il était un peu gêné.

Je retournai dans la voiture et je mis le volume à fond. Là, j'étais seule pour exprimer ce que je ressentais. Les larmes et encore les larmes ! Comment un garçon peut être si mauvais !? Je me posais mille et une questions à la fois. Je suis passée sur lui mais cette histoire me choque profondément.

Genre, il savait très bien que Raya est ma sœur. Donc il m'a plaquée pour ma sœur ? Les amis, vous-même imaginez-vous un peu à ma place ! Comment vous sentiriez vous ? Votre ex et votre sœur ? Et le dimanche, il ira à l'église prier !

Je vis Raya arriver et j'essuyai rapidement mes larmes. Elle était avec Jordan. Apparemment, depuis notre rupture il était devenu galant hein !

- lui dit bye et monta dans la voiture.

- Tu as bien yamo ?

- oui oui ! Alors tu le trouves comment ? Il est beau nor ?

Je lui dis ou pas ? Hé Seigneur…

Ma sœur me demande comment je trouve mon ex !

- Oui, il est là. Bon, on y va avant que ta mère ne fasse l'avis de recherche.

- Okay !

Nous nous mîmes en route pour la maison. Durant tout le trajet, je pensais et repensais. Je voulais juste arriver à la maison appeler Nathan et tout lui raconter.

Quelques minutes après, nous étions à la maison.

- Bonsoir Ma'a ! lancèrent Raya et moi, à peine entrées.

- Ça a été ? questionna-t-elle.

La mère ci même hein... Donc on va aussi commenter l'anniversaire de l'enfant de 3ans ?

- C'était bien la mère, répondit Raya.

- Vous avez mangé quoi là-bas ?

- Le riz sauce tomate, les croquettes… les choses de l'anniversaire des enfants nor la mère.

- Jusqu'à on met aussi les bonbons sur la table dans un plateau avec les biscuits. Gaspillage d'argent ! fulminai-je.

- C'est ton argent ? tonna ma mère.

- J'ai dit quoi ?! Bon je monte je suis assez fatiguée.

Je fis un message à Nathan pour lui demander d'appeler car je n'avais pas les unités et apparemment, lui non plus. Du coup, nous nous sommes fixés un rendez-vous le lendemain à la maison.

Je mis mes écouteurs et je commençai à suivre la musique et à penser.

Les amis, vous savez je prends cette situation de « Jordan » pour nous montrer et dénoncer comment nous sommes. Nous disons être chrétien mais nous posons des actes qui rendent le ciel triste. Nous sommes nombreux à avoir des flirts, des relations amoureuses, des relations d'un soir et autres dans lesquelles on se donne des défis : « je n'ai pas encore couché avec tel genre de fille/garçon, je dois tester ça avec tel fille / garçon ». Nous nous donnons des défis à nous-mêmes sur des bêtises. L'école ne te laisse pas ton business non plus. Mais c'est toi qui as encore des défis de sexe et autres à relever. Jordan, lui, il est « sorti » avec la grande sœur et maintenant la petite. Il n'est pas différent de toi qui as trois copines/ copains avec qui tu couches, encore moins de toi qui sautes de relations en relations de surcroît avec sexe à l'appui et dimanche tu pars prier jusqu'à faire la chorale ! De qui se moque-t-on ?

Revenons à nos mots et tons !

J'étais plongée dans mes pensées quand mon téléphone vibra. C'était Jordan qui m'avait envoyé un message.

- Bonsoir Eva !

- Oui bonsoir !

- Comment tu vas ?

Je vous assure, voir seulement une notification de son message me tapait sur les nerfs.

- Vas droit au but s'il te plaît. Tu veux quoi ?

- Je voulais m'excuser.

Sérieux là ?

- Bonne nuit, s'il te plaît.

Je l'ai direct bloqué.

Parfois, nous-mêmes les filles, nous sommes souvent idiotes ! Celles-là qui sont comme moi "d'avant" qui profitent de la vie dites-moi un peu, quand vous-mêmes vous regardez l'homme à qui vous avez donné votre virginité il le méritait ?

Par la suite, je me concentrais sur ma musique jusqu'à m'en dormir.

Le lendemain, à 11h, c'est mon téléphone qui me réveilla avec un appel entrant de maman.

- Allô !

- Comme le matin tu ne peux pas te lever tôt là, nous sortons. Tu n'es pas courant, tu es là tu dors. Lave mes habits que j'avais trempés-là et lave ma chambre. Voilà les choses que je dois te dire le matin mais comme tu dors…

Le bavardage au réveil ? Merde !

- Okay ! J'ai compris.

- Découpe aussi les légumes qui sont là-bas, comme depuis hier que c'est là tu n'as pas vus. On doit crier avant que tu le fasses et tu les mets à bouillir puis tu les mets au congélateur.

Elle finit la communication et l'interrompit.

Je me disais à moi-même en ce moment-là « Mieux je reprends l'école hein, c'est quoi ça ? Tu ne peux pas rester à la maison et tu te reposes. Il faut toujours qu'on te donne les travaux. Je suis sûre qu'elle a même seulement créé les travaux là ! Tsuip ! ».

Cette habitude des mères africaines. Genre elle crée le travail et elle vous le confie. Ahhh…

Je me levai et je descendis pour laver ses habits. Mon souhait était qu'on coupe la lumière mais ça m'a ratée. J'ai fait près de deux heures à faire la lessive. Après avoir fini, je nettoyai sa chambre puis je descendis pour les légumes.

Je n'étais pas entrée à la cuisine depuis le matin. Quand j'ai vu la quantité, j'ai failli pleurer ! Où elle a seulement acheté les légumes de tout le marché oh ? Nous sommes trois mais elle achète les légumes comme si c'était pour toute l'année !

Je finis de bouder seule puis j'allai m'asseoir pour commencer à découper les légumes.

Quelques instants après, Nathan arriva.

- C'est à 14h que tu cuisines ?

- …

- C'est quoi avec le visage froissé ?

- Ce n'est pas ma mère qui passe son temps à me donner les travaux ici en désordre ?

- Ça va aller !

- Viens m'aider même…

- Je t'ai dit que je suis venu ici travailler ? Fais tes légumes là-bas dis donc.

- Okay !

Je ne me cassais pas trop parce que je savais que pendant
que nous serions en train de parler, il allait venir m'aider
seul.

- J'ai même d'abord faim !

- Maman a fait le sangha le matin, sers toi !

Il prit un plat et se servit ce repas.

Nous commençâmes à bavarder...

- Tu voulais me dire quoi ?

- Mamahhh hier nous étions à l'anniversaire d'une cousine là. En rentrant Raya m'a confié qu'elle voulait voir son
gars. N'est-ce pas je l'ai accompagnée ? A l'arrivée, je me
suis rendu compte que son gars c'est mon Jordan.

- Quel Jordan ?

- Werr Jordan norr, mon ex.

Il éclata de rire

Je vous assure je pouvais le bafler...

- Qu'est-ce qui t'amuse ?

- Tu te rappelles de tes mots ?

- Mes mots ?

- Oui ! Il fut un temps je ne respirais pas. Que oh c'est
lui que Dieu a prévu pour moi. C'est lui ! Oh je ne regrette
pas de m'être donné à lui. Le rythme est bon aujourd'hui ?
Dieu l'a prévu pour ta petite sœur.

- Tsuip !

- Sinon, le sangha-ci est bon hein !

J'avais tellement honte de moi. Je pouvais même me pendre. Ce qu'il disait était plus que de la moquerie.

- Pourquoi tu fais ça ? lui demandai-je.

- Parce que je t'avais prévenue. Mais comme tu connais
les plans de Dieu plus que Lui-même eh eh...

- Humm !

Pourtant il n'avait pas tort les amis. Certaines fois, nous connaissons les plans de Dieu plus que Lui-même ; tout ça parce que nous avons une idée, une position déjà calée dans la tête et nous sommes convaincus que c'est ça. Je dirais même qu'à un moment ce n'est plus Dieu mais nous même qui écrivons nos « vies » selon nos désirs. Et c'est ainsi que Dieu prend la place qu'on lui donne c'est-à dire-quoi ? Si c'est moi qui écris ma propre vie, cela revient à dire que Dieu est spectateur. Alors, c'est cette place là qu'Il occupe.

Laissons Dieu occuper la place qui lui revient de droit et de devoir même dans nos vies, les vies qui ne nous appartiennent même pas.

Tu es dans une relation d'amitié ou de couple, une entreprise où Dieu t'a demandé de ne pas y être mais comme tu laisses la chair prendre le dessus, tu t'y mets quand même en te convainquant que c'est ce qu'il a prévu pour toi. Quand ça tourne au vinaigre tu viens devant lui pleurer .... Soyons sérieux certaines fois.

- Moi j'ai un seul truc à te dire : tu ne peux pas voir ta petite sœur se perdre et toi tu la regardes. Déjà qu'il faudrait que toi même tu te retrouves, suggéra Nathan.

- C'est pour dire quoi par là ? Je connais ce que je fais et j'assume. Oui, certaines fois je déconne mais bon…

- Mais bon ? Tu deconnes chaque jour, madame « je suis Chrétienne à ma manière ! ».

- Nathan, pour moi, être chrétienne ne veux pas dire que je n'ai pas de vie.

- Tu n'as pas de vie ?

- Oui ! Je suis jeune et je m'amuse. Je fais ce que les jeunes de mon âge font, mais je crois en Dieu et je prie.

- Tu n'es pas Chrétienne mais religieuse !

- Qui t'a dit ça ? Je suis Chrétienne.

- Eva, chrétienne vient de « Christ ». Dis-moi, quand on te regarde là, ta vie fait même semblant d'être la photocopie de celle de Christ ?

- Tu veux me dire que tu vis comme le Christ ?

- Je ne vis pas exactement comme lui, mais je travaille à le faire.

- Donne-moi la différence donc entre « Chrétienne » et « Religieuse ».

- Déjà, il faut savoir que la chrétienté n'est pas une religion mais une vie et une mentalité. Tu es Religieuse : c'est-à-dire que tu remplis les formalités de la vie chrétienne. En d'autres termes, tu lis la parole le jour où tu peux. Tu pries souvent et mais de manière légère sauf quand tu as un problème, car à ce moment, tu cherches la face de Dieu plus que Abraham ou Moïse. Tu écoutes les musiques gospels et tu es sûre que tu es arrivée.

- Tu entends quoi par « prière légère » ? Monsieur le pasteur.

- Merci pour le nom !

- Je mens alors ? Tu dois faire l'école de théologie.

- En tout cas… Je peux juste te dire que la prière du Chrétien est différente de celle du Religieux. Tu diras peut-être que j'abuse mais il faut quitter du stade de « religieux » pour « chrétien » pour véritablement connaître. Ce qui est sûr est que le Chrétien ne vit pas pour lui, et ne vit pas en lui mais vit pour Christ et c'est Christ qui vit en lui.

- En tout cas hein, on ne parlait pas de ça, c'est déjà un autre niveau là-bas.

- N'est-ce pas ? Ton brisement sera catastrophique !

- Mon quoi ?

Sur le coup je n'ai pas compris.

- Non laisse ! Comment va ton gars ?

- Aymard ? Il va bien ! Bon, je pense hein. On n'a pas causé depuis avant-hier.

- Pourquoi ? Vous avez un problème ?

- Non !

- Deux personnes qui s'aiment mais qui font deux à trois jours sans parler et dorment bien, yesss ! dit-il avec ironie.

- Ça arrive ! Et depuis quand tu te soucies de nous ? Tu n'es pas contre ma relation ?

- Qu'est-ce qui m'arrive ? Mama je t'ai conseillé, tu as dit que tu l'aimes. Je vous regarde nor. Là où je peux rire, je ris,

- C'est ça !

- Ça c'est un amour hein… Cool !

- Qu'est-ce qui t'amuses ?

- C'est que tu vis toi ta best Life alors que tu ne connais même pas si le gars que tu dis aimer respires encore et lui, il fait pareil. Beaucoup de courage !

- Tu ne connais pas le proverbe « pas de nouvelles bonnes nouvelles ? »

- Norr???? C'est bien ça ! C'est Dieu qui connaît votre genre d'amour-là.

- Tsuip !

- On va faire comme ça qu'il n'est même plus au pays.

- Nathan, laisse-moi hein dis donc.

- Ekieu ! Ma coucou, tu te fâches ? C'est maintenant que tu apprends que ton gars ne t'a pas écrit depuis deux jours ? Jusqu'à vous vous aimez ! Même prière !

Je vous assure que plus moqueur que Nathan n'existe pas !

Pour ne pas lui donner raison j'essayais de justifier la situation en ces termes :

- Chaque couple a sa manière de fonctionner.

- Et vous, c'est en faisant le jeûne chacun de l'autre et après vous vous rencontrez et couchez ensemble ma copine « chrétienne qui prie Dieu ».

A ce moment, la honte m'a prise parce qu'il disait des vérités. Je vous assure qu'il n'y a pas plus mal comme quand on vous reproche et on vous dit vos vérités dans les rires ! Ça fait mal.

- Moi je n'ai même plus envie de rire, Ahka !

- C'est quoi ? Tu fuis le sujet ?

Nathan sait où et comment me toucher …

- Ton problème c'est lequel ?

- Mon problème est que je veux que tu te retrouves.

- Je suis perdue ?

- Non, tu es égarée.

- Ok !

Je venais de finir de découper les légumes. Du coup, je me levai pour allumer le feu de bois. Ça allait me permettre de changer de sujet.

- Aide-moi à remplir la bassine-ci d'eau, s'il te plaît.

- Okay !

Il le fit et m'aida à laver les légumes.

- Eva, je me moque de toi pour que tu comprennes que ta relation qui va aboutir au mariage là c'est la foutaise.

- Humm !

- Oui oui ! Essaye un peu de réfléchir le soir quand tu seras seule et tu verras. Et en ce qui concerne Raya, je pense que tu connais ce qu'il y a lieu de faire. Mais si tu trouves que tu es un modèle pour ta petite sœur, okay laisse-la suivre tes pas.

- Pourquoi tu fais comme si j'étais le diable comme ça ?

- Je n'ai pas dit que tu es le diable mama. J'essaye de te

montrer à quel point tu as de l'impact sur ta petite sœur. Tout ce qu'elle veut faire là maintenant c'est parce qu'elle a vu ça chez toi ! Tu croiras que c'est la blague mais c'est vrai ! Si tu as une petite sœur et que chaque fois devant elle tu voles, un jour elle aussi elle va essayer et plus tard devenir plus qu'une bandite ; c'est ce qui se passe avec toi. Tu as fait des bêtises devant elle sans te rendre compte que ça impactait sur elle.

- J'ai compris

Ce n'est pas parce que vous l'avez rencontré(e) à l'église et que vous avez commencé à communiquer que cette personne est votre ami(e) ou qu'elle pourrait l'être. Ce n'est pas tout le monde qui est à l'église qui est digne de confiance.

Nous avons commencé à parler d'autre chose en attendant que les légumes cuisent.

Il était 20h passées. Tout le monde était déjà là. Nathan, lui, était rentré il y avait un bout de temps.

Raya et moi passâmes un peu de temps avec maman au salon puis aux environs de 22h, nous montâmes nous coucher. Je mis mes écouteurs comme d'habitude et le volume à fond je suivais « Zoe Grâce : at the cross ». Allez un peu suivre ça les amis.

Je me posais des questions en moi-même et à un moment je me suis dit: je ne peux pas laisser un garçon profiter de moi et de ma sœur également. Je décidai donc de parler avec Raya.

- Raya tu dors ?
- Non, pourquoi ?
Je m'assis sur le lit.
- Tu es avec Junior depuis quand ?
- Deux ou trois mois, je ne sais pas trop.
- Vous n'avez pas couché ensemble nor ?

- Heuuu… pas encore. Pourquoi tu demandes ?

Je lui racontai toute l'histoire. Elle était choquée.

- C'est un peu ce qui s'est passé.

- Okay ! J'ai compris. Demain j'ai cours, il faut que je dorme ; déclara-t-elle d'une voix tremblante)

- Heuu okay !

Elle se coucha.

Sa réaction m'avait surprise. Elle n'avait ni pleuré, ni bavardé, rien. Mais je savais qu'elle n'avait pas parlé pour éviter de pleurer. J'espérais juste qu'elle ait compris.

Je me couchai aussi de mon côté puis, je m'endormis.

Chapitre VI

Mais celui qui obéit à la parole de Dieu, son amour pour Dieu est vraiment parfait. Ainsi nous savons que nous sommes unis à Dieu. 1 Jean 2: 5

3h du matin.

Dans mon sommeil, je ressentis des douleurs et des démangeaisons. Du coup, je me levai. Les douleurs devenaient de plus en plus intenses. Je partis donc voir maman dans sa chambre pour lui dire ce qui se passait. Au départ, elle m'a demandé d'aller me coucher et au cas où ça persistait, nous irions à l'hôpital le matin. Mais ça persistait déjà. Nous étions donc allez à l'hôpital sur le champ. Il n'y avait pas de médecins. L'infirmière de garde m'administra immédiatement un produit pour atténuer les douleurs et me plaça une perfusion pour me garder en observation. Les douleurs avaient diminué mais pas les démangeaisons.

A 7h, maman dû rentrer car elle devait passer à son lieu de service pour signaler qu'elle serait absente.

Aux environs de 8h, quand le premier médecin arriva, on l'appela directement. Mes démangeaisons devenaient des petites plaies qui formaient des ulcères et des croûtes. Je vous assure je me transformais. Entre les douleurs qui revenaient et ces plaies, je voyais déjà ma vie défiler.

Le médecin demanda donc à me consulter. Il était avec une infirmière.

- Ma fille, tu as quel âge ?

- Bientôt 22ans.

- Combien de fois as-tu eu des rapports non protégés ?

La honte m'avait prise, je vous jure. Je m'attendais à toutes les questions sauf celle-là. J'allais lui dire quoi ? Que j'avais eu des rapports non protégés avec mon ex plus de 15 fois ? Et peut-être 3 fois avec Aymard ? Il allait me voir comment ? « Non, je ne peux pas », m'étais-je dis intérieurement.

- Heuu… je ne sais pas. Deux fois je pense.

- Juste deux fois ?

- Oui !

Vous allez dire que j'abuse avec le mensonge mais… je n'allais pas quand même taper ça sec comme ça !

- On va te faire certains examens, okay ?

- D'accord !

Nous sortîmes de la salle et nous partîmes au labo où on devait me prélever du sang, des urines et la salive.

Entre temps, maman arriva.

- On dit que c'est quoi ?

- On attend les résultats.

- Okay !

On a patienté à peu près une heure de temps jusqu'à ce le médecin vienne avec les résultats en main.

- On dit que c'est quoi docteur ?

- Votre fille a une infection madame.

- Une infection ? Quel genre ?

- Une IST (infection sexuellement transmissible).

- Sexuellement transmissible ?

A ce moment, mon cœur a cessé de battre. Ma mère pouvait *boire mon « kadji »*[3] que je suis encore vierge.

- Eva, donc là où tu es là tu fais ce que je fais ? Yess mama, chapeau !

- C'est comme ça les jeunes d'aujourd'hui, déclara le médecin.

« Le père-ci parle qu'il sort d'où ? Merde » marmonnai-je intérieurement.

- Je ne veux même pas parler. Pardon doc, c'est quelle infection ? demanda alors ma mère.

- L'herpès génital.

Ma mère se tourna vers moi. Je voyais dans ses yeux la déception et la colère. Dans la colère, elle me dit :

- Donc même choisir une IST qui est facile à soigner t'a dépassée. Tu connais même ce que tu as comme infection ?

Puis, s'adressant au médecin :

- Doc c'est avancé ?

- Oui, un peu. Nous allons essayer le traitement. Si ça finit une fois, c'est une bonne chose. Mais il est très probable que ce ne soit pas le cas. Et même si c'est le cas, ça peut refaire surface n'importe quand. C'est un peu comme un cancer. Vous pouvez me suivre dans mon bureau, s'il vous plaît ? Je dois vous montrer un truc.

- Okay doc !

Elle se leva et le suivit.

Je fondis en larmes dès qu'elle tourna le dos. Dans ma tête, la seule chose que je voyais, c'était son regard de tout à l'heure rempli de déception. J'avais brisé la confiance que ma mère avait en moi. Jusqu'à ce jour, je n'avais jamais entendu parler de cette infection. Je commençais à regretter mais je ne voyais pas vraiment les dégâts de mes actes.

---

[9] Me croire sur parole.

J'avais fait une semaine quelques jours à l'hôpital. Ma mère ne m'adressait presque plus la parole. Elle me parlait malgré elle même ceci se ressentait dans sa manière de converser. A un moment, elle m'adressait encore la parole parce que j'étais sa fille. Je n'arrivais plus à la regarder dans les yeux. Je passais mes journées dans la chambre car l'atmosphère à la maison était vraiment tendue.

S'il y a une réalité que je supporte difficilement c'est le silence, encore moins celui de ma mère. Du coup, pour pouvoir digérer facilement, je pleurais.

Un soir, Nathan est passé me voir à la maison. J'étais à l'étage et maman en bas. Donc quand il est arrivé c'est maman qui l'a accueilli.

- Bonsoir maman ! salua-t-il.

- Ça va, mon fils ?

- Oui maman. S'il te plaît, Eva est là ?

- Oui, elle est dans la chambre. Elle t'a dit qu'elle était malade ?

- Oui maman.

- Elle t'a dit ce qu'elle avait ? Je dis même quoi ? Ce qu'elle a ?

- Heuu oui !

Depuis le haut, je suivais leur conversation.

- Okay. Ton amie est devenue plus qu'une prostitué au point d'attraper sa part de maladie.

- Il ne faut pas dire ça maman. Elle a juste fait une erreur et je pense qu'après, elle ne fera plus la même bêtise.

- Laisse-moi ça mon fils. Le chien ne change jamais sa manière de s'asseoir. Donc elle là nor ...

J'avais été choquée de voir que ma mère me voyait ainsi. J'avais fondu en larmes, bien qu'elle avait raison de penser cela.

Nathan monta me voir et me trouva en larmes.

- Ce n'est pas facile je sais mais tu dois rester forte et tirer des leçons de tout ce qui se passe.

- Je regrette tu sais ? Je regrette vraiment Nathan.

- On a dit quoi à l'hôpital ?

- Je suis le traitement et je risque le faire toute ma vie.

- Explique !

- C'est une infection différente des autres. C'est-à dire qu'elle peut finir comme elle ne peut pas. Du coup, pour la ralentir, je dois suivre un traitement comme ce que je fais maintenant.

- Hum ! Tu ne diras pas que je ne t'avais pas prévenue ! Là, c'est seulement l'infection que tu as, espérant qu'en dehors de ça il n'y a plus rien d'autre.

- Pourquoi tu dis ça ?

- Eva, plusieurs fois je t'ai dit que lorsqu'on entretient des rapports avec quelqu'un ce n'est pas si simple que ça. Dans le monde spirituel, plusieurs transactions se passent. Tu vas faire comme ça, pendant que tu yamo que non il sait te toucher comme il faut, le gars lui il met un truc en toi. Peut-être que jusque-là, tu ne vois pas la dimension qu'a cet acte.

- Je te jure que si Dieu me donne la force de traverser ça et arrange les problèmes avec maman, je vais arrêter tout ça.

- Donc s'il n'arrange pas tu n'arrêtes pas ?

- Non mais ...

- Eva, réfléchit bien sur ce que tu veux. Prends le temps pour regarder encore toi-même ta vie et d'en tirer des conclusions.

- Okay !

Pour me faire changer les idées, Nathan changea de sujet.

- Aymard va bien ?

- Oui oui !

- J'espère au moins qu'il te soutient.

- Oui, t'inquiète. Tu sais, il change hein.

- Comment ?

- Plusieurs fois, je lui ai reproché qu'il ne me donnait pas l'attention que je voulais et qu'il était très renfermé des fois. Du coup, depuis un moment, tout ça change. Il veut vraiment être avec moi et veut une relation sérieux.

- Si tu le dis !

- Vrai !

- Je peux te dire ce que je pense ?

- Oui !

- Je pense qu'être dans une relation n'est pas prioritaire pour le moment, surtout pour toi.

- Werrr Nathan ! Voilà ça qu'il change nor.

Ça m'est déjà arrivé de vouloir arrêter une relation mais c'est à ce moment que la personne fait tout comme je veux.

- Moi je t'ai dit ce que je pensais.

- Regardes ! Il n'est pas avec moi uniquement pour le sexe, il me respecte et il fait tout pour s'arranger.

- Si un homme s'arrange à te plaire sans toutefois chercher premièrement à plaire à Dieu, alors il y'a un problème. En passant, je ne t'ai même jamais demandé : il est chrétien ?

- Il croit en Dieu.

- Sacrée réponse ! Okay oh maaa !

On parla encore quelques minutes et après, il s'en alla.

Après le départ de Nathan, Raya est venue pour qu'on bavarde un peu. Nous avons échangé pendant plus de deux heures. Puisqu'elle avait cours le lendemain, elle m'a laissé et est allée se coucher. Je suis restée regarder des vidéos sur Tik Tok. Lorsque je défilais, je suis tombée sur un enseignement d'un pasteur portant sur la vie de prière. Je l'ai un peu écouté. C'était tellement intéressant. Il était dit dans cette vidéo :

« La vie de prière détermine, caractérise et actualise tout dans la vie d'une personne. Une personne qui n'a pas une vie de prière intense peut être sûre que l'ennemi a accès à sa vie par toutes les entrées possibles, même celle par laquelle la fourmi passe. Oui, c'est ce que l'ennemi attend : qu'un enfant de Dieu lâche prise pour s'incruster. Quand il parvient à le faire, il te flatte en te soufflant que tout ce que tu fais de mauvais est bien. Sans vie de prière, Dieu ne peut pas se révéler à toi. Il ne peut pas te parler. Il ne peut non plus expérimenter des choses avec toi, car tu n'es pas capable de distinguer le bien du mal. Du coup, tu ne pourras pas distinguer la voix de Dieu de celle des hommes. »

Vu que ce n'était qu'une partie de l'enseignement j'étais entrée dans la page qui l'avait posté pour suivre la suite. En vérité, je n'avais jamais été intéressée par une vidéo d'enseignement comme celle-ci. Dans la seconde partie de la vidéo, il était mentionné les leçons suivantes :

« Tu ne peux pas suivre Dieu, si tu n'es pas prêt à payer le prix ! Oui, se charger de sa croix revient à payer le prix personnellement ! Payer le prix revient à accepter de souffrir en abandonnant un certain nombre de choses, en cessant de se livrer à certaines pratiques et en acceptant de briser certaines amitiés. Oui, c'est ça payer le prix !

Je ne peux pas avoir une vie de prière si je suis encore liée. C'est comme dire à des personnes de ne pas forniquer pourtant je suis le premier dans ça. »

Après cette deuxième vidéo, je me suis dit à moi-même : je dois prendre ma vie de prière en main.

Mais ce que j'ignorai, c'était qu'avoir une vie de prière ne veut pas dire se limiter uniquement à prier, mais avoir une vie pleine de sacrifices et de transformation.

Ce soir-là j'avais pleuré, j'avais pleuré et j'avais pleuré.

Si je vous donne une raison pour justifier mes pleurs, c'est que je vous mens. La seule chose que je peux vous dire, c'est que je voulais vivre une vie de prière.

J'avais fait un message à Nathan sur le coup en disant : « Je veux être chrétienne ». Puis j'avais mis mes écouteurs et j'avais commencé à suivre de la musique jusqu'à m'endormir.

Le lendemain, je me levai aux environs de 8h. J'avais fait ce que j'avais à faire comme tâche ménagère. Nancy voulait passer me voir mais j'avais refusé. Je ne voulais pas voir quelqu'un. Pendant que je révisais, Nathan m'appela, me demandant de le retrouver pas très loin de la maison. C'est vrai que je n'y étais allé mais j'avais entendu dire que c'était un lieu de retraite spirituelle. J'avais du temps avant que maman ne rentre et donc, j'avais accepté. Je m'étais vite apprêtée et j'avais pris la moto pour m'y rendre. A mon arrivée, il vint me prendre à l'entrée du lieu. Nous nous sommes dirigés vers une pièce vraiment éloignée des autres. Je voulais bien lui demander pourquoi on allait précisément dans cette chambre éloignée mais je suis restée silencieuse. Lorsque nous sommes arrivés j'avais remarqué la présence d'un homme. Il devait avoir environ 45 ou 50 ans. Je saluai et ensuite, Nathan fit les présentations.

- Eva, je sais que je ne t'ai pas dit que je devais être avec quelqu'un et je m'en excuse. Lui c'est mon encadreur, papa Alain. C'est celui-là qui me suit dans ma marche avec Dieu.

- Bonjour papa ! saluai-je.

- Bonjour ma fille ! répondit-il.

- J'avais vu ton message hier mais je ne savais quoi te répondre. Immédiatement, je lui ai écrit et il m'a demandé de prendre rendez-vous avec toi le plus tôt possible et je me suis exécutée. Mais je ne serai pas avec vous. Je vais vous laisser car je dois me rendre au campus.

J'étais stressée et j'avais peur. Je ne connaissais même pas ce monsieur. Je ne savais pas ce que je devais lui dire.

Papa Alain déclara alors à Nathan qu'ils allaient s'écrire le soir.

- Sans soucis. À plus tard Eva ! répondit Nathan.

Nathan s'approcha de moi et me fit un câlin en me soufflant discrètement à l'oreille « soit vraie avec lui, s'il te plaît » et il partit.

- Okay !

Nous débutâmes de ce fait la conversation avec Papa Alain :

- Alors Eva, comment tu vas ?

- Je vais bien papa ! Et vous-même ?

- Hyper bien ! Bon, j'aimerais déjà qu'on prie avant de commencer à échanger.

- Ah d'accord !

Il fit une petite prière. La phrase que j'avais retenue de cette prière était « n'endurcis plus son cœur seigneur ». Je me demandais pourquoi il disait ça. Mais comme d'habitude, je n'osai pas l'interroger. Après la prière, nous bavardâmes un peu, question de connaître chacun quelque chose sur l'autre. Pour un père, il était tellement ouvert. Plus on parlait, plus je me sentais en confiance. À un moment, il m'a dit avec le sourire aux lèvres : « Je te connais sans te connaître. Nathan m'a parlé de toi et je dirai même qu'il m'a dit tout ce qu'il savait. Pas qu'il a versé tes secrets, non ! Juste qu'il ne savait plus comment s'y prendre avec toi. Et je bénis l'Eternel qui, hier, a ouvert tes yeux. ».

A l'écoute de ses paroles j'avais commencé à pleurer à chaudes larmes. Il m'observait attentivement. A un moment, il m'a demandé pourquoi je pleurais mais je ne savais pas moi-même pourquoi je pleurais. Il a essayé de me calmer mais en vain. Puis, il s'est mis à chanter un cantique :

Mon Jésus je t'aime
Je te sais à moi
Oh quel charme extrême
Me retiens à toi
Les plaisirs du monde
Ne m'attirent plus
Ton amour m'inonde
Je t'aime oh Jésus !

Au bout d'une dizaine de minutes, je me suis calmée.

Il m'a demandé si j'étais réellement prête à devenir chrétienne et je lui ai dit oui. Je n'aurais jamais imaginé que moi, Eva, je devais dire ça ! Jamais !

On a beaucoup échangé. Il avait sa Bible sur lui. Nous avons lu certains passages mais celui sur lequel nous nous sommes plus attardés était celui de **2 Corinthiens 5:17** *« Si quelqu'un est en Christ, il est une nouvelle créature. Les choses anciennes sont passées. Voici, toutes choses sont devenues nouvelles. »*.

- Tu connais la nouvelle naissance ? me demanda Papa Alain.

- Oui !

- Tu es sûre ?

- Je pense.

- Ne te sens pas frustrée hein, parle.

J'avais lâché un léger sourire.

- On va dire que je connais. C'est renaître en Christ et le confesser comme Seigneur et Sauveur.

- Je valide ta réponse ! A cela, j'aimerai ajouter quelque chose. Il est dit dans ce passage que les choses anciennes sont passées. Voici, toutes choses sont devenues nouvelles.

C'est pour dire quoi ? Eva, ton passé est passé. Tu as décidé d'être nouvelle. L'Eternel te tend la main aujourd'hui. Il veut commencer une aventure extraordinaire avec toi. Mais pour cela, tu dois laisser ton passé au passé. Eva, tu dois être une nouvelle personne.

J'avais recommencé à pleurer, il continua en disant :

- Nous servons un Dieu fidèle. Il te dit « Je suis là ma fille ! Viens dans mes bras ! » Il t'accueille à bras ouverts. Oui, malgré ce que tu as eu à faire, il est là. Il t'ouvre ses bras. Va et embrasse-le ! Avec Dieu, il n'est jamais trop tard. Il n'est jamais trop tard pour rentrer à la maison. Et c'est ce qu'il te dit aujourd'hui.

A cet instant, j'avais compris que Dieu n'est pas un homme.

À toi qui lis ce livre aujourd'hui, je te dis ceci : L'Eternel t'attend. Il te demande de revenir à la maison. Il te demande de ne pas t'accrocher à ton passé mais de l'abandonner et de le suivre. Toi à qui on a parlé plusieurs fois mais tu as endurci le cœur, sache qu'il ne se fait pas tard pour revenir.

- Je pense qu'on va s'arrêter là pour aujourd'hui, déclara Papa Alain.

- Okay !

- Tu proposes qu'on se revoie quand ?

- Je reprends les cours officiellement la semaine prochaine. Du coup, le reste de cette semaine, je suis libre.

- Nous sommes jeudi. Fixons-nous alors un rendez-vous pour samedi matin.

- D'accord !

- Bon, tu vas prier pour qu'on se sépare.

Je fis la prière de clôture puis nous s'échangeâmes nos contacts. Il me raccompagna jusqu'à la maison avec son véhicule.

- Bonne journée papa !

- Merci ! Meilleure à toi ma fille !

J'entrai à la maison. Il n'y avait encore personne. Je fis un message à Aymard, car il m'avait écrit le matin mais je n'avais pas répondu. À la lecture de mon message, il m'appela. Nous bavardâmes un peu puis je lui racontai ce qui s'était passé et ma rencontre avec papa Alain.

- Ah okay, c'est cool !

- Je vais lui parler de nous. J'espère que ça ne te dérange pas.

- Non ! Non !

- Okay !

Les jours s'écoulèrent jusqu'à samedi où je devais rencontrer Papa Alain.

J'étais très ponctuelle ces derniers temps. Mais quand j'arrivai, papa Alain y était déjà. Nous nous saluâmes puis nous commençâmes la séance. Il partagea avec moi sa méditation. Nous échangeâmes un peu puis il me demanda comment ça se passait à la maison. Maman commençait à se calmer et par conséquent, l'atmosphère n'était plus trop tendue.

- Le problème avec nous les parents c'est que nous ne savons pas très souvent comment digérer certains faits. Lorsque Nathan m'a dit comment ça se passait, j'ai juste eu peur que tu ne fasses une dépression.

- Ah !

- Je pense que nous les parents nous devons beaucoup parler à nos enfants même si nous sommes blessés. Souvent, tellement nous sommes en colère que nous oublions que l'enfant aussi souffre de son côté. Ma fille a fait une dépression mais je n'étais pas au courant. Or, la dépression est plus dangereuse que ce que l'on peut imaginer. J'ai su que ma fille déprimait seulement lorsque son ami a attiré mon attention sur cette situation.

Cet homme comprenait tellement bien certaines réalités.

- Cela ne veut pas dire que je te soutiens dans ce que tu as fait, non !

Il me réprimanda sur mes actes et me fit comprendre beaucoup de choses. Effectivement, si Raya n'était pas là avec Nathan, peut-être que j'aurai même mis fin à mes jours.

- Bon maintenant, parle-moi du côté sentimental.

Je ne savais trop par où commencer. Mais je me lance et je lui racontai ma relation avec Aymard. Il était tellement attentif.

- Bon, j'ai une question avant que tu ne continues.

- Oui !

- Tu gagnes quoi quand tu es en couple ?

- Heuuu…

- Je reformule ma question. Quand tu es en couple, qu'est-ce qui change dans ta vie ? Ça t'apporte quoi de nouveau ?

- Rien, dis-je avec hésitation.

- Je ne vais pas te demander d'arrêter cette relation parce que je veux, non. Je veux que, de toi-même, tu comprennes ce que je comprends.

Je l'écoutais sans le comprendre. J'avais déjà bloqué l'idée de barrer Aymard dans ma tête. C'est vrai que je voulais changer mais ma relation n'avait pas de problème.

- Il est chrétien ? interrogea mon interlocuteur.

- Je sais juste qu'il croit en Dieu.

- Bon, te voilà qui veut évoluer dans ta relation avec Dieu tout en étant dans une relation qui ne t'apporte rien.

- Elle m'apporte beaucoup, papa.

- Comme quoi par exemple ? Sens-toi libre de me dire.

- Je me sens aimé. Il est attentionné et me donne ce que je veux.

- C'est tout n'est-ce pas ?

Sur le coup, la honte m'a un peu prise.

- Oui !

- Ma fille, cette relation te perd juste du temps. Je m'explique. Tu n'apprends rien dans cette relation. Tu es juste en train de perdre du temps. Et tu ne peux pas avancer dans ta relation avec Dieu.

- Mais il ne m'empêche pas d'être chrétienne. C'est vrai, ça ne lui dit pas grand-chose car il se limite à croire en Dieu, mais quand je serai bien assise spirituellement je peux l'amener à confesser Christ.

- J'ai une question pour toi : si un poisson tombe amoureux d'un oiseau et que les deux veulent vivre ensemble, forcément un devra quitter son milieu de vie pour rejoindre l'autre, n'est-ce pas ?

- Oui !

- Voilà ! Imaginons que l'oiseau aille vivre avec le poisson dans l'eau. Obligatoirement il mourra. De même pour le poisson qui veut quitter l'eau pour aller rester dans les airs. À peine sorti de l'eau, il mourra. Nous sommes d'accord nor ?

- Oui papa !

- C'est qu'on appelle une relation toxique. Ne dis pas que tu te mets en couple avec un non-chrétien parce que par la suite de la relation, tu vas le changer. Non ! Il peut arriver que par toi le Seigneur le change mais il y'a 70% de chance que toi tu le suives dans sa bêtise à un moment et que s'en suive la mort. Et même, pour changer l'homme, cela se fait hors de la relation pas dans la relation. Toi tu lui donneras tout ce qu'il veut déjà dans la relation et donc il se foutra un peu d'être chrétien ou pas. Je ne sais pas si tu me comprends.

Je comprenais parfaitement papa Alain mais je n'étais pas prête à arrêter cette relation avec Aymard, et aussi que je ne voulais pas le blesser.

- Papa, je ne peux pas arrêter la relation comme ça. Il n'a rien fait pour que je le barre.

Il me regardait en souriant. Je me suis sentie tellement gênée à un moment. C'était genre je suis triste à l'idée de barrer Aymard mais lui ça le fait sourire.

- Tu te demandes sûrement pourquoi je souris, n'est-ce pas ?

- Oui !

- Ce qui m'amuse c'est le fait que tu te soucies autant de lui.

- C'est parce que c'est une très bonne personne.

- Eva ma fille, pour suivre Dieu, il faut être prête à payer le prix. Et si tu n'es pas prête mieux tu ne te lance pas. Dieu lui-même dit qu'il est un Dieu très jaloux donc pas question qu'on autre vienne prendre la place qui lui revient de droit.

- Mais Aymard ne prend pas sa place.

- L'homme prend sa place ! Quand je dis l'homme c'est pour dire que les relations amoureuses pour toi sont très prioritaires. Être en couple pour toi est comme réussir sa vie pourtant ce n'est pas le cas.

- Papa, sincèrement, je ne veux pas te mentir actuellement. Tout va bien avec Aymard et je ne peux pas, je l'aime.

- Alors, si tu l'aimes comme tu le dis, sépare toi de lui pour un moment. Travaille d'abord ta propre vie et ton intimité avec le Père.

Jusque-là, tout ça ne me disait rien, ma relation ne souffrait de rien.

- Si je le barre, il va penser quoi de moi ? lançai-je.

- Voilà ce qui nous empêche la plus part du temps à avancer dans nos vies : la pensée des autres par rapport à nous.

Ma fille laisse-moi te dire que quand tu décides de suivre Christ, qu'il pleuve ou qu'il neige on parlera de toi. Et on dira tout du positif comme du négatif, des critiques comme des appréciations et si tu n'es pas prête à les entendre tu n'avanceras jamais.

A ce moment, je commençai à imaginer la réaction de Nancy et les autres quand ils apprendront que je suis devenue chrétienne. Ça me faisait tellement bizarre. Je voulais revenir sur ma décision mais la vie avec Dieu est tellement paisible et je l'avais expérimenté ces quatre jours.

Papa Alain a remarqué que j'étais tellement pensive et a deviné pourquoi je l'étais.

- Tu sais ? La vie chrétienne n'est pas facile, même pas. Mais tu dois te bousculer.

- D'accord papa.

Plus je parlais avec lui plus j'avais des questions et j'avais soif de connaître la Parole.

- Papa, j'ai une question. Plusieurs fois Nathan m'a reproché le fait de coucher avec les hommes. Il avait l'habitude de parler de la spiritualité de cet acte mais j'aimerai plus comprendre.

- J'aime ta question. Je l'aime un peu trop même. Je me suis marié avec une femme qui a connu le dehors. Quand je dis connaître le dehors, c'est pour dire qu'elle a vraiment joué la vie, profiter de sa jeunesse comme on aime si bien le relever. Trois ans avant notre mariage, elle a connu Christ et est revenue à la raison. Nous avons fait 5 ans de mariage avant d'avoir notre première fille. Pourquoi 5 ans ? Parce que pendant ces 5 ans, nous brisions des liens tissés. Des choses avaient été laissées en elle lors de certaines relations sexuelles qu'elle avait entretenues. Ma fille, je te dis bien 5 ans. L'Eternel n'était pas bête quand il déclara « l'homme

quittera (…) et les deux ne formeront qu'une seule chaire ».
C'est une manière de dire que vos corps, vos esprits, vos
pensées ne deviennent qu'un ! Donc vous partagez tout. Je
dis tout !

- Hum !

A ce moment, j'avais commencé à comprendre un peu
de quoi il était question. Je commençais à me dire à moi-
même : peut-être avec Jordan ou Aymard ou Landry j'avais
tissé des liens, vu que j'avais couché avec les trois et que je
formais une chair avec eux.

Il continua :

- Une chose qu'on fait semblant d'ignorer c'est que le
sexe est plus que le sexe. Pour une femme il est très facile
de tout prendre par là et pour un homme pareil. J'explique
: tu peux coucher avec un homme qui a mis en toi un mauvais esprit qui bloquera tout ce que tu auras à faire et
quelque temps après vous vous séparez. Tu te mets avec un
nouveau avec qui vous entretenez des rapports et sans le savoir, tu donnes pour lui d'esprit de blocage. Il y a des gens
qui ne se marient pas à cause de ce qu'on a mis en eux, qui
n'avancent pas à cause de cela et qui n'ont pas d'enfants à
cause de cette relation.

Je me redisais intérieurement que je devais briser les
liens de mes anciennes relations. Je devais les briser.

A toi qui me lis, il est temps que tu prennes le temps de
briser ces liens pour toi-même être davantage brisé par Dieu.
Tu ne peux pas avancer si tu es encore attaché. Non ! Non !
Prie et prie encore.

Du moins, j'étais d'accord avec papa Alain. Je devais arrêter avec le sexe. Oui, je devais cesser. Même si je serais
toujours tentée, je vais arrêter.

Nous avons causé pendant encore près d'une heure puis
nous avons fait la prière de fin et nous nous sommes séparés.

Je ne suis pas rentrée sur le champ. Je me suis arrêtée en route pour acheter un cahier de méditation. J'avais plus qu'une soif de connaître Christ.

A mon retour à la maison, maman était là et elle a demanda à me parler. J'étais vraiment surprise car depuis ma maladie elle ne me gérait plus vraiment. Raya était dans la chambre. Je montai me changer puis je descendis la trouver au salon. Nous avons passé près de 4h à parler. Maman ne m'en voulait plus. J'étais plus qu'heureuse. J'avais l'impression que Dieu écoutait enfin mes prières. La paix revenait dans ma vie. Après ma causerie avec maman, j'avais encore plus la niaque de continuer de marcher avec Dieu, je me disais que si au début il me comble déjà de sa paix, qu'en sera-t-il de la suite ?

Je montai repasser mon habit pour aller au culte le lendemain. Juste après le repassage, je fis un appel de groupe avec Nancy et Miriam. Au départ, on parlait des sujets un peu inutiles et après, je décidai de leur raconter mon expérience avec Dieu. À peine j'avais fini que Nancy dit : Qui aurait cru ? Ma copine la plus bordelle pouvait devenir sœur en Christ ! I beg, je ne veux pas rire.

- Je suis sérieuse !

Miriam elle, ne parlait pas. Elle nous écoutait juste.

- Il ne manque plus que tu prennes la Bible et que tu commences à toquer chez leur gens pour les parler de Dieu, poursuivit Nancy.

- Ça te choque tant que ça ? répliquai-je.

- Ça ne me choque pas parce que je ne crois pas. Et même si tu as donné ta vie à Dieu comme tu le dis, c'est juste pour un temps. Toi et moi on se connaît ma coucou. Tu aimes trop le dehors, tu aimes la fête. Les hommes donc heee...

- Je n'ai plus la tête à ça en tout cas !

- Okay sœur Eva, s'il te plaît demain prie pour moi quand tu iras à l'église. J'ai besoin d'argent.

- Toi tu n'y vas pas pourquoi ?

- J'ai les habits à laver.

- Et toi Miriam ?

- Je ne sais pas encore.

- okay ! Mais si tu peux, vas-y.

- Ekieu ! C'est fort hein. Jusqu'à tu nous demandes d'aller à l'église ! Ma'a, je te donne deux mois maximum heee… Quand tu vas voir un petit bon garçon, la vraie nature d'ebamba va refaire surface ; insinua Nancy en riant. Pour le moment, joue bien à la cousine directe de Jésus.

J'avais mal en écoutant ses propos car je comprenais encore que la personne que je travaillais à devenir et celle d'avant étaient tellement différentes. Ce n'était effectivement par ma vie que je pouvais leur faire comprendre à tous que j'avais changé de chemin et c'était le meilleur choix à faire.

Après l'appel, je fis un message de bonne nuit à Aymard. Je lis quelques chapitres du livre de Romains puis je m'en dormis.

Ce matin de dimanche, je fus la première à me réveiller. Après ma méditation, je traînais encore un peu dans le lit puis je descendis travailler. Raya se réveilla par la suite et vint me retrouver en bas. On finit le ménage ensemble puis nous fîmes le petit déjeuner.

Nous montâmes nous apprêter pour le culte et nous y allâmes avec maman.

Le culte finit aux environs de 12h.

De retour à la maison j'appelai Nathan pour commenter un peu la prédication et en même temps partager car il n'était pas à l'église ce jour-là.

- La prédication était trop intéressante.

- Vas-y, partage.

- Ça parlait des faux chrétiens du dimanche.

- Explique un peu.

- En fait, on disait qu'il y a des gens que c'est le dimanche qu'ils connaissent que Dieu existe mais en semaine c'est eux qui sont dans les bars, les empoisonnement et autres. Ensuite, il a aussi été relevé que ce ne sont pas tous ceux qui sont à l'église qui sont de bonnes personnes, qu'il y'en a qui sont là pour chercher la prochaine victime à manger la nuit.

- Ekieu ! Manger la nuit ? relava Nathan en riant.

- Moi-même ça me dépasse heee ! Mais c'est vrai. Il y a une partie où le pasteur a dit que les gens comme ça sont ceux-là qui maîtrisent alors la parole hein, genre il peut prêcher la bonne nouvelle toute une journée pour après te tuer la nuit. Il a aussi déclaré qu'on ne doit pas rire avec tout le monde même si c'est l'ancien d'église.

- Massah ! C'est un peu fort hein.

- Je te dis, mais c'était trop intéressant.

Après je lui ai un peu raconté ma conversation avec les filles la veille et la réaction de Nancy face à ma nouvelle vie.

- Tu ne pouvais que t'attendre à ça et il y aura pire devant. Donc arme toi bien de l'Esprit Saint sinon tu vas craquer, m'exhorta mon ami.

- J'aimerais tellement que mes copines puissent vivre cette belle expérience avec Christ comme celle que je vis actuellement. C'est vrai, je viens de commencer dans cette nouvelle vie mais j'avais déjà compris qu'il y a une différence entre vivre bien et bien vivre.

- Prie pour elles, demande à Dieu de ne pas endurcir leurs cœurs. Prêche-leur la Bonne Nouvelle autant que possible.

- D'accord ! Bon, je vais un peu me reposer.

- okay !

Je coupai l'appel et je fis une petite sieste. A mon réveil, je rangeai mes affaires pour le lendemain. Oui oui ! Ma rentrée c'était le lendemain. J'étais plutôt heureuse. Raya vint me trouver pendant que je le faisais.

- J'aime ta nouvelle manière d'être, me confia-t-elle.
- Et je suis comment ? répliquai-je.
- Un exemple à suivre, me répondit-elle en souriant.
- Donc avant je n'étais pas un exemple ?
- Si, mais...
- T'inquiète pas, je te comprends.
- J'ai également décidé de me concentrer sur ma relation avec Dieu. C'est finis avec les garçons et autres.

Je l'ai regardée choquée et heureuse. C'est fou l'influence que j'avais sur ma petite sœur. Et moi qui croyais qu'elle ne voyait pas ce que je faisais. Waouh! J'étais hyper heureuse ! J'avais juste remercié Dieu dans mon cœur. Décidément, quand tu marches avec Dieu tu es comblé.

Nous descendîmes trouver maman au salon question de perdre un peu le temps. Elle cassait le pistache devant la télé. Nous avons un peu parlé. Ensuite, je suis montée car Aymard voulait m'appeler. Nous avons fait deux heures au téléphone. Nous nous sommes séparés en queue de poisson parce qu'il voulait qu'après les cours je passe chez lui. Mais j'étais consciente que si j'y allais, nous devions coucher ensemble et actuellement, c'était la dernière chose dont j'avais besoin pour avancer dans ma relation avec Christ. Du coup, j'avais refusé. Ça me faisait bizarre qu'il soit fâché mais je devais résister.

Ce dimanche-là je n'étais pas allée courir avec les filles comme les autres dimanches. J'avais une grosse flemme.

Aux environs de 20h lorsque je m'apprêtais à dormir, j'avais reçu un message de Miriam.

- Eva, Nancy est partie.

J'avais cru qu'elle parlait d'un rendez-vous avec un gars car après le footing les dimanches elle le faisait toujours. Au message de Miriam, j'avais alors répondu « elle va revenir ». Mais elle ne m'a plus répondu. J'avais mis mon téléphone en mode *ne pas déranger* puis je suis allée me coucher.

Lundi

Je me réveillai à 5h car je devais vite m'apprêter et sortir tôt de la maison car l'école se trouve un peu loin. Lorsque je m'habillais, je consultai mon téléphone pour regarder l'heure mais je fus surprise de voir les appels manqués de Miriam et Nathan. J'appelai d'abord Nathan pour savoir pourquoi il voulait me contacter.

- Oui ! Je viens de voir tes appels manqués. C'est quoi ?

- Tu n'es pas au courant, n'est-ce pas ?

- Au courant de quoi ?

Mon cœur a commencé à battre.

- Nancy est décédée, m'informa alors Nathan.

J'avais cru mal entendre ce qu'il avait dit. Mais non ! J'avais bien suivi, très bien même. Les larmes ont commencé à couler de mes yeux. Je n'arrivais pas à poser des questions moi qui étais si fière de reprendre l'école. Voilà que ma rentrée commençait de la plus mauvaise des façons.

- Nancy ? Ma copine.

- Elle est allée faire sport avec Miriam hier mais elles ont été agressées. Nancy a voulu jouer à la dure. Du coup, on l'a poignardée. Miriam, elle, a réussi à courir et s'est enfuie.

Dieu n'est pas fou ! Si j'étais allée faire sport avec elles hier, peut-être que c'était moi qui devrais être couchée actuellement. Les parents n'ont pas souvent tort de nous demander d'apprendre à rester à la maison. Je ne parlais plus au téléphone car je n'arrivais toujours pas à croire. À un moment, j'étais obligé de couper l'appel parce qu'il fallait que j'aille à l'école. Même si je voulais passer chez Nancy, je devais d'abord arriver à l'école. Durant tout le trajet, je ne pensais qu'à elle, ma copine, Nancy tu pars ou si vite ? Pourquoi tu nous fais ça ? Ta joie de vivre, tu nous prives de ça, Nancy dis-moi que je rêve !

Telles sont les phrases qui raisonnaient de ma tête jusqu'à mon esprit. J'étais dégoûtée de la vie ; je suis arrivée à l'école et c'était plutôt cool pour une première journée de cours. J'avais fini les cours aux environs de 17h. J'avais directement fait un message à maman pour la prévenir que je passais chez Nancy avant de rentrer. J'avais donc pris un taxi qui allait me laisser chez elle. À mon arrivée, Nathan, Miriam, Jordan et Aymard y étaient déjà avec quelques anciens camarades. Ils étaient assis dans un coin du salon. Dès que la mère de Nancy m'a vue elle a commencé à pleurer. Ne pouvant pas me retenir, je l'ai retrouvée dans ce cocktail de pleurs. « Le monde est méchant ! Agresser quelqu'un jusqu'à tuer. Elle n'a rien fait à personne. Eva, je n'ai plus de fille. Mon enfant… » Tels étaient les propos de sa mère prononcés avec tellement de désespoir et de faiblesse. A un moment, je l'ai laissée et je suis allée retrouver les autres. Personne ne parlait. Miriam elle, était encore sous le choc de ce qu'elle avait vu. Nathan m'avait fait un signe, me demandant de sortir car je ne faisais que pleurer. Je sortis et il me retrouva dehors. Nous étions dans un coin sombre de la cour, assis sur des petits tabourets.

- Je suis dépassée par ce qui arrive. Elle va où si jeune ? Ses projets, on fait quoi de ça ? Ma copine… déclarai-je. Et je me remis à pleurer.

- Calme-toi Eva ! Pleurer ne changera rien à ce qui est déjà là. S'il te plaît fait un message à Miriam en lui demandant de venir. Je dois vous parler ; me demanda Nathan.

- De quoi ? m'enquis-je.

- Tu verras !

J'écrivis à Miriam et elle nous rejoignit de suite.

- Je sais que vous êtes plus tristes mais j'avais une question. Miriam, Eva, vous pensez qu'actuellement votre amie est où ? Nous interrogea Nathan.

Quand j'avais écouté cette question, j'avais craqué car il y'avait à peine trois jours on était au téléphone. Je lui parlais de ma nouvelle vie mais elle n'était pas prête à me retrouver dans cette marche.

Miriam et moi n'avons rien dit. Notre réponse c'était des larmes et toujours des larmes. Nathan a continué en disant :

- C'est vrai que nous ne sommes personne pour connaître où elle est, en enfer ou au paradis, mais je vous pose ces questions pour vous dire que la fin est proche et plus proche que ce qu'on pense. Voilà Nancy qui est partie. Mon vœu est qu'elle ait confessé Christ avant sa mort. S'il vous plaît les filles, ne jouons plus. Concentrons-nous sur l'objectif.

Après que Nathan eut fini de parler, Miriam confessa Christ et avoua certains péchés qu'elle commettait en se cachant derrière la religion. Mais j'étais plutôt fière pour ce qu'elle venait de faire, car pour abandonner un péché il faut le confesser. Nous fîmes une prière pour Nancy, pour son âme et pour que Dieu l'accueille dans son paradis. Après ça, nous étions retournés à l'intérieur. J'avais encore fait quelques minutes ensuite, Nathan me raccompagna, vu qu'il était véhiculé. Je devais vite rentrer. Il fallait que je me repose car le lendemain j'avais cours. Personne ne parlait durant le trajet. Pour chasser l'air triste, Nathan avait mis la musique du Pasteur Marcelo : « viens me libérer des ténèbres, viens me racheter par ton sang… »

Je réfléchissais et je réfléchissais encore. À un moment, je pris la parole :

- C'est vrai que Miriam a confessé Christ tout à l'heure mais je compte prendre un peu mes distances avec elle de peur de retomber dans certains trucs.

- Okay ! C'est comme tu veux ! Si tu vois que c'est le mieux à faire c'est sans problème, me répondit Nathan.

- Je suis en train de penser à quelque chose, continuai-je.

- A quoi ? répliqua mon complice.

- J'ai envie d'être toi. Genre tu ne dépends plus vraiment de ta mère, tu as ton petit travail là et tout. Juste que moi je veux être mon propre patron. Je ne veux pas travailler pour quelqu'un.

Il me guetta et lâcha un sourire.

- Je suis tellement fier de toi Eva. Chaque jour tu me montres une nouvelle facette de toi. Une facette qui me plaît vraiment.

J'avais souri, je me disais dans le cœur : « c'est Dieu qui travaille en moi. Il m'apprend de nouvelles choses chaque jour ».

Il continua en disant :

- Réfléchis bien à ce que tu vas donc faire, et sache que le monde du business n'est pas très facile.

- J'ai d'abord le cardio de 10 personnes, monsieur.

- Okay boss !

Il me laissa à la maison et rentra également. Maman était au salon avec Raya.

- C'était comment là-bas ? me demanda ma mère.

- Ah ! Comme une maison de deuil est norrr, la mère.

Je déposai mon sac sur le sofa puis je partis me servir. J'avais hyper faim. Je revins m'asseoir au salon puis je fis part de mon idée d'ouvrir mon business à maman. Elle avait plutôt bien pris l'idée de projet et m'avait encouragée.

- Je serai ton employée norrr ? s'enquit Raya.

- Tu as fini avec l'école ? lui demandai-je.

- Je suis même déjà ton employée. Je ne te demande plus.

Il fallait donc que je trouve une activité qui n'allait pas troubler mes études. Je traînais encore un peu au salon puis je montai dans la chambre. J'avais des exercices à faire. Du coup, je pris une douche et je m'assis devant mon cahier. Entre temps, Aymard m'avait appelée. Je n'avais pas très envie de répondre mais je l'avais quand même fait. À un moment, je me suis rendue compte que j'avais déjà fermé mon cahier jusqu'à me coucher. Alors, je lui mentis que maman m'appelait juste pour arrêter la conversation et continuer mes exercices.

Mais je n'étais plus concentrée. Après qu'il ait raccroché, je suis resté couchée. Je pensais à tout : Nancy, Jordan que j'avais revu, mon business mes études… ah Seigneur !

Je me levai, je fis ma méditation du soir puis je dormis.

La semaine s'était écoulée avec des activités à l'école et des visites que je rendais à la famille de Nancy. Sa mère avait décidé de l'enterrer le plus tôt possible et dans l'intimité familiale. Du coup, le mardi qui suivait, l'inhumation avait été faite. Oui, Nancy était vraiment partie. Plus jamais de fous rires, de moqueries ni des bêtes blagues … Ce n'était pas facile à digérer, surtout pour sa mère. Mais bon, elle finirait certainement par surmonter cette épreuve.

À l'école, je m'étais faite des nouveaux amis. Mais contrairement à Nathan ou Miriam que j'avais fui, ils n'étaient pas Chrétiens, mais alors pas du tout ! A chaque fois qu'ils voulaient faire quelques choses qui allait à l'encontre de mes principes et que je m'y opposais, je recevais des injures du genre : « si tu n'es pas la nièce directe de Jésus, c'est que tout ce que tu fais là c'est pour amuser les oiseaux » ou alors « oui, maa Pasto a parlé. Mais les enfants perdus ont mieux à faire ». Mais la phrase qui me choquait et me faisait mal en même temps c'était « si tu es si parfaite, crée ton monde. Ce qui est sûr, on se verra là-haut ! ».

Si seulement ils pouvaient savoir, si seulement ! J'avais été plus pire qu'eux mais où est-ce que cela ça m'avait emmené ? Nulle part !

Mais autant que je pouvais leur demander de ne pas faire quelque chose, je le faisais.

Je me suis enfin décidé sur ce que j'allais faire comme business. J'allais vendre des parfums et plus tard créer ma propre marque de parfum. J'avais même déjà trouvé le nom de mon entreprise de vente de parfum : SMELL GOOD!

Être jeune c'est bien mais être jeune entrepreneur c'est encore mieux. J'en avais parlé avec maman et comme je n'avais pas de capital pour me lancer, elle me donna de l'argent pour que je puisse bien commencer. Aymard également m'envoya de l'argent pour me soutenir. J'avais l'impression d'être dans un autre monde. Je n'étais plus une fille mais une femme responsable et « directrice de mon entreprise ». Comme promis, Raya était celle qui faisait mes livraisons et souvent, Aymard m'aidait à le faire quand Raya n'avait pas le temps. Ah cet homme !

Je n'arrivais pas à m'imaginer mettre fin à cette relation. Il me soutenait tellement. Mais j'étais consciente que tôt ou tard je devais le faire. Dieu ne voulait pas de moi dans cette relation et je le savais. Mais comment arrêter une relation dans laquelle tu ne manques de rien? Une relation dans laquelle tu es bien traitée ? Comment ?

J'avais pris un rendez-vous avec papa Alain pour que nous puissions un peu en parler. Mais en attendant, mon business marchait plus que ce à quoi je m'attendais. Oui, Eva la fille qui attendait toujours l'argent de poche venant de sa mère, n'était plus. Maintenant, c'était Eva, celle-là qui aidait plutôt sa mère dans certaines tâches. Une Eva indépendante.

Ce jour-là, à 18h, je devais voir papa Alain. Vu que je finissais un peu tard à l'école, nous décidâmes de nous voir à la maison. Après les cours, j'étais directement rentrée le trouver…

Maman et Raya allèrent dans leurs chambres pour nous laisser travailler en toute liberté.

Nous commençâmes par une prière et après, nous échangeâmes sur nos méditations…

- Nous avons beaucoup parlé. Maintenant, place au fameux sujet, déclara papa Alain.

Je lui expliquai donc ma situation avec Aymard. Il resta très attentif à mes dires. Quand j'avais fini, il prit la parole :

- Eva, je comprends très bien ce que tu vis parce que j'avais eu à tenir une fille qui traversait la même situation. Ma fille, si toi-même tu sais que Dieu ne veut pas de toi dans cette relation, fuis ! Quitte au plus vite cette relation ! C'est vrai, il te soutient dans ton business mais laisse-moi te dire… Qu'est-ce qui te prouve qu'après cette séparation et après un bon moment de travail sur ta propre vie tu n'auras pas un fiancé ou un mari qui va aller jusqu'à financer tout ton projet au lieu d'un simple « gars » ? Je ne dis pas que ça ne sera pas forcément Aymard hein, mais laisse Dieu lui-même te révéler qui c'est. Mais il ne peut pas le faire quand toi tu as déjà mis autre chose dans ta tête. Un fait est sûr, avant que tu ne te mettes en couple avec lui, tu vivais. Ce n'est pas parce que votre relation va finir que tu ne vas plus vivre. D'autant plus que tu as Christ.

Ce que papa Alain disait, je le comprenais bien. Mais ce n'était pas si facile que ça. Je ressentais un sentiment vraiment profond pour Aymard. Mais cette relation, à un niveau, était un peu toxique pour moi, notamment sur mes études. Chaque soir, j'étudiais une heure et je passais trois heures au téléphone avec lui. Je n'étudiais pas vraiment. Mais avoir un gars qui te soutient jusqu'à faire souvent tes livraisons ? Waouh ! « Si je le laisse partir est-ce que je trouverais mieux ? » Tellement de questions traversaient mon esprit.

Remarquant mon silence, papa Alain ne demanda à quoi je pensais.

- Qu'est-ce qui prouve que je vais trouver mieux si je le laisse partir ?

- « Car je connais les projets que j'ai pour vous, projets de joies et non de malheur ». C'est ce que l'Eternel nous dit. Sache donc qu'avec lui, ce qui vient est plus grand et plus waouh que ce qui est maintenant. Ne t'inquiète pas du lendemain pour le moment. Concentre-toi sur ta relation avec Dieu.

- D'accord papa !

Je comprenais vraiment ce que papa Alain me disait. Aussi, après notre rencontre, je fis un message à Aymard lui disant clairement que je ne peux plus continuer avec cette relation. Je n'avais pas le courage de le faire en face et si bien même je l'avais fait je serais revenue sur ma décision car il savait comment me prendre par les mots. Après avoir lu mon message, il essaya de m'appeler plusieurs fois mais je ne pas pris. Il me laissa plusieurs messages me demandant pourquoi une telle décision. Mais je les avais ignorés. Je ne pouvais pas répondre.

En lisant ses messages, j'avais sincèrement mal et j'avais peur. J'avais plus de trois émotions d'un coup : tristesse, peur et joie. Oui, j'étais heureuse car je m'étais enfin détachée d'une des chaînes principales qui me retenaient dans le monde. Mais j'avais peur, peur de ne plus trouver un homme comme lui, peur qu'il me déteste, peur d'avoir perdu l'homme qui m'était réservée. Mais je n'avais pas d'autre choix que de le faire. A ce moment, j'avais commencé à comprendre le sens de l'expression « prix à payer ». Oui, tu ne peux ne pas payer le prix sans souffrance.

Dans ma chambre, j'avais pleuré à cause de cette séparation. J'avais prié pour pouvoir passer dessus. Je me rendais compte alors que je devais arrêter de causer avec lui pour un bon bout de temps si je voulais atteindre mes objectifs. Pourquoi pas un mois ?

Après toutes ces réflexions, je finis par m'endormir.

C'est vrai, l'école m'aidait à respecter cette décision prise. Mais cela n'empêchait que je pensais à lui puisque je ne pensais pas à ma propre vie. C'est là donc que je m'étais réellement rendue compte que j'étais un peu trop attaché à Aymard. On aurait dit que la décision que j'avais prise renforçait encore plus mes sentiments pour lui car j'étais toujours tentée de lui écrire ou aller le voir chez lui. À chaque moment, son image revenait dans ma tête, même pendant mes séances de méditation.

Malgré cela, j'avais réussi à faire un mois sans lui écrire. Alors un samedi, comme je finissais les cours un peu tôt, je décidai de faire un saut chez lui. Contrairement à ce à quoi je m'attendais, il était plutôt souriant avec moi. Nous avions beaucoup parlé. Je lui expliquai pourquoi j'avais mis un terme à la relation et il semblait avoir compris. A un moment, nous commençâmes à jouer aux cartes. C'était plutôt sympa. Mais après, il proposa de jouer au fameux jeu « action ou vérité ». J'avais refusé au début puis il me dit qu'il ne devait pas avoir d'action bizarre. Je finis par accepter. Sans que je ne m'en rende compte le jeu a pris une autre direction et nous nous retrouvâmes à coucher de nouveau ensemble. J'étais consciente d'une part que je devais arrêter, mais plus il me touchait plus j'en voulais encore. À un moment je me suis ressaisie. Mais nous étions déjà à la fin du rapport. Je me suis rhabillée et je suis rentrée avec toute la honte. À la maison, j'avais menti que j'avais mal à la tête juste pour pouvoir être seule et ne pas être dérangée. J'avais honte de ce que je venais de faire. Je m'étais laissée emporter. Même prier me dépassait. Je me disais « je vais dire quoi à Dieu pour qu'il me pardonne ? ». À un moment, j'avais craqué et j'avais fondu en larmes. Ne sachant à qui parler à la maison j'avais appelé papa Alain et je lui avais tout raconté. Il était directement venu à la maison. Il était environ 19h30min.

Je pleurais toujours à son arrivée. Papa Alain me dit alors :

- Ma fille, calme-toi, en essayant de me calmer.

Mais j'avais trop honte de moi-même.

- Papa, je ne sais pas ce qui m'a poussé à aller chez lui. Je voulais juste le saluer, déclarai-je en pleurant.

- Calme-toi ma fille, me redis encore papa Alain.

- J'ai tout gâché. J'ai déjà commencé une nouvelle vie mais je suis tombée. Non, je suis retombée dans le passé. J'ai honte de moi, je suis sûre que Dieu lui-même m'a déjà tourné le dos. Je ne veux pas mourir dans le péché comme ma copine Nancy. Papa je te jure, je ne voulais pas coucher avec lui. Seigneur pardonne moi, pardon… répétai-je en pleurs.

En m'écoutant, une larme a échappé de son œil et s'est répandue sur sa joue. Il l'a directement essuyée.

J'étais inconsolable. Je n'arrivais pas à croire que j'étais tombée aussi bas, moi qui avait déjà fait un grand pas vers l'avant.

- Papa j'ai mal, mal d'être retombée, mal d'avoir brisé le cœur de Dieu, mal d'avoir donné au diable une occasion de se moquer de moi.

- Détrompe-toi ma fille, tu n'as rien donné au diable. Tu as fauté certes, mais Dieu est là. Jamais il ne t'a tourné le dos. Eva, relève-toi, prends cette situation comme une leçon et une partie de ton témoignage. Dieu n'abandonne pas ses enfants. Tu as vu où tu as glissé. Désormais, tu ne prendras plus cette route pour éviter de glisser à nouveau. Tu es la lumière du monde. Tu dois éclairer et tu vas éclairer ce monde. Continue ce que tu as commencé avec Christ ! Eva, n'oublie jamais cette phrase que je vais te dire : « ne travaille pas pour le Seigneur mais travaille avec le Seigneur ». Oui, rassure-toi que dans tout ce que tu vas faire tu le feras avec Lui.

Ces paroles m'ont réconfortée. J'avais une nouvelle chance de montrer aux hommes que je suis la « précieuse du Père céleste ». Oui, je dois éclairer des villes, des pays et des continents. Cette Eva du monde n'existe plus ! Maintenant, c'est la Eva du ciel qui est là !

J'avais glissé une fois mais je ne glisserai plus une deuxième fois avec l'aide du Père ! Oui, depuis ce jour, j'avais supprimé le numéro de Aymard. Oui, je devais me concentrer sur ma mission ici-bas. J'évitais une certaine compagnie à l'école. Je n'avais plus que deux personnes avec qui je riais : Nathan et Miriam. Oui, j'avais recommencé à parler avec elle. Dorénavant, j'avais comme priorités : croître dans ma relation avec Dieu, réussir à l'école et grandir dans mon business.

Certes, je ne vais pas tout abandonner d'un coup. Mais je travaille jusqu'aujourd'hui à abandonner ces autres péchés et je sais que d'ici peu, avec l'aide de Dieu, j'y arriverai.

L'homme aujourd'hui ne dit plus rien à Eva. Les sorties aujourd'hui ne disent plus rien à Eva. L'habillement extravagant ne lui dit plus rien… Elle est une nouvelle personne qui travaille sa vie de prière, sa vie d'enfant de Dieu, sa vie d'entrepreneuse.

A toi qui me lis, j'adresse ce message :

Réveille-toi ! C'est l'heure de te réveiller de ce sommeil. Oui, le salut est plus proche de toi, oui très proche. Ne sois pas cette « Nancy » qui va mourir dans le péché ! Débarrasse-toi des œuvres des ténèbres et revêts-toi des armes de la lumière. Conduis- toi honnêtement sans ivrognerie, sans immoralité ni débauche, sans dispute ni jalousie. « Revêtez-vous du Seigneur Jésus-Christ et ne vous préoccupez pas de votre nature propre pour satisfaire ses convoitises » dit la Bible.

Jeune, entreprends ! Ne reste pas là assis à attendre l'argent de tes parents. Crée ton propre business et ta propre entreprise. Sois indépendant. Sois ce jeune qu'après deux ans de travail, on dira « oui, ça c'est un modèle pour la jeunesse camerounaise ».

Concentre-toi sur tes études.

Travaille ! Oui, bosses dur et rassure-toi de réussir dans le « légal ».

Sois ce jeune que, lorsqu'on le regarde, on voit son travail, on voit d'où vient sa richesse. En effet, même à 24 ans, on peut être riche tout en travaillant honnêtement.

POSTFACE

Le choix ! Tout commence par là…

Il arrive des moments dans la vie où l'on se doit de lâcher une branche pour s'accrocher sur une autre. Bien que difficile parfois, cette étape est cruciale et déterminante pour la suite de notre parcours. Que l'on soit enfant, adolescent, majeur ou adulte, on fait face à ce moment où il faut choisir. Généralement, notre choix est basé sur certains critères préférentiels en fonction des goûts et des avis de tout un chacun. « Ne pas choisir, c'est aussi faire un choix » a-t-on l'habitude de dire. Seulement, l'homme doit être prêt à assumer les conséquences de son choix, qu'elles soient positives ou négatives. C'est ce que l'on comprend lorsqu'on achève la lecture de *Ma nouvelle vie*.

En effet, Eva, le personnage principal de l'œuvre, s'est plusieurs fois retrouvée au carrefour « le choix ». Pour ses relations amoureuses et amicales, elle a dû faire un choix. Ayant grandi dans une famille strictement chrétienne, elle a choisi dit-elle, de vivre la chrétienté « à sa manière ». Mais pour quelle finalité ?

Oui ! Le choix semble parfois anodin et banal, mais très lourd à supporter lorsqu'il faut affronter les conséquences.

Ma nouvelle vie en est la représentation formelle, car elle marque un condensé d'histoire reflétant la vie quotidienne des jeunes dans un univers tumultueux à l'aune du modernisme et de l'éducation parentale.

Dans ce roman, Ornella Ngantou Ngoule lance une sonnette d'alarme à la jeunesse actuelle, une jeunesse en proie au modernisme et à la dépravation. Une jeunesse qui veut jouir à fond de la vie sans mesurer les conséquences. Pourtant, le passage d'Ecclésiaste 12 au verset 1, cité par l'auteure à l'annonce du chapitre 3, nous interpelle en ces termes « Jeune homme, réjouis-toi dans ta jeunesse, marche dans les voies de ton cœur et selon les regards de tes yeux ; mais sache que pour tout cela, Dieu t'appellera en jugement ». Il est donc urgent pour cette jeune génération de redéfinir ses principes de vie. S'épanouir, se divertir et profiter de sa jeunesse est une bonne chose, à condition que chacun prenne garde de ne pas se retrouver au carrefour de « Si je savais ».

Les faits décrits dans cette œuvre et les rôles attribués à chaque protagoniste permettent à tous et à chacun de se retrouver dans la peau de l'un de ces personnages. Pour Eva, ça a été une grâce d'avoir des amis comme Nathan et Miriam qui ont toujours su la ramener sur le droit chemin quand il le fallait. Avoir des parents comme ceux d'Eva est aussi une grâce particulière, quand on sait que de nos jours, peu de parents veillent avec rigueur à l'éducation de leurs enfants. C'est en fin une grâce pour Eva, d'être tombée sur ce père spirituel qui a bien voulu l'aider à sortir de cette fosse dans laquelle elle s'était retrouvée. Oui ! Tout cela a été une grâce pour elle.

Mais en sera-t-il de même pour tout le monde ? C'est pourquoi notre auteure, consciente de ces choses, a mis sur écrit cette histoire afin d'appeler plusieurs à la prise de conscience. A la page 175, nous pouvons lire : *« Réveille-toi ! C'est l'heure de te réveiller de ce sommeil. Oui, le salut est plus proche de toi, oui très proche. Ne sois pas cette Nancy qui va mourir dans le péché ! Débarrasse-toi des œuvres des ténèbres et revêts-toi des armes de la lumière. Conduis-toi honnêtement sans ivrognerie, sans immoralité ni débauche, sans dispute ni jalousie. « Revêtez-vous du Seigneur Jésus-Christ et ne vous préoccupez pas de votre nature propre pour satisfaire ses convoitises, dit la Bible »*. C'est cette prise de conscience qui a permis à Eva de renaitre de ses cendres, tel un phœnix, et de redonner un meilleur sens à sa vie. Elle parle d'elle-même en ces termes : *« L'homme aujourd'hui ne dit plus rien à Eva. Les sorties aujourd'hui ne disent plus rien à Eva. L'habillement extravagant ne lui dit plus rien... Elle est une nouvelle personne qui travaille sa vie de prière, sa vie d'enfant de Dieu, sa vie d'entrepreneuse. »* Une belle fin pour notre héroïne qui nous permet de comprendre qu'il est possible de repartir à zéro et de construire sa vie en s'appuyant sur le Seigneur qui est fidèle. *« En effet, même à 24 ans, on peut être riche tout en travaillant honnêtement »* conclut l'auteure à la page 175. Ainsi, il est très possible pour nous jeunes, d'entreprendre et de s'en sortir dans l'honêteté et la droiture.

Yollande Mendja

Dépôt légal : 3ème trimestre 2023
Imprimé au Cameroun